振鑫——著

破軍

貪狼

天同

25張命盤

25種精彩人生的課題與啟示

紫微

天相

陰星

目次

第一張命盤：通靈王的煩惱

說起命理師的客群，通常以問感情和問事業爲最大宗，也會隨著每個命理師緣分的不同，另有一塊特殊客群。

有的命理館臨近菜市場，客群有八成是婆婆媽媽。客人所問不外乎是老公會不會外遇、孩子功課不好怎麼辦、媳婦不孝是不是我很歹命……她們的問題雖然多如牛毛，大抵不脫家庭的範圍。

也曾聽過有位命理師是做口碑的，後來客人吃好道相報，介紹其他姐妹前來算命，導致老師有高達一成的客源是八大小姐。常見她們拿出多張命盤詢問老師，哪個客人能夠交往、哪個客人當廠商應酬就好……不管是對老師或客人來說，愛情都是一門好生意。

有的命理師常和房地產業者接觸，特別是投資客，他們看幾次地幾次房就來論幾次命，回頭率超高，簡直是完美的模範客人。紫微斗數要算十二個宮位，這位老師光靠一個田宅宮就貢獻大筆業績。

執業至今，我也有一塊特殊的客群。

不知是何緣分，我的客人不乏有通靈人士。他們可以上達天聽，幫助周圍的人們解答難題，乍看是受人敬重的一群，其實也有著不爲人知的煩惱。

通靈王的煩惱1：學問做多深

「我最近在學紫微斗數，想問自己適合當命理師嗎？」吳先生是個爽快人，不問事業不問感情，大老遠專程趕來只問一個問題。

我看著命盤進行命理師體檢，赫然察覺到另一個特別的資訊。福德宮掌管精神世界，由此可觀察一個人的靈感品質與收訊能力，生年四化則是四座天線，在所座落的宮位散發源源不絕的電波。

盤上的生年祿和生年科（貪狼化祿、右弼化科）正坐福德宮，猶如精神世界的地基被安裝了兩座天線。再加上貪狼爲修道星、右弼爲業力星，電波頻率直指無形的靈界，收訊能力比起麻瓜不知強過多少倍。

這麼說吧，如果眼前有九又四分之三月台，他應該會是第一個察覺到的人。

「這個命格是通靈王本王……我要確認一下，你是不是會通靈？」

「其實我是乩子，轉述神明的話是我的工作。」

「這個命格的連線品質很好喔，應該不只是模糊地感應，收訊也很清楚吧？」

「我聽得到，也能眞實見。」吳先生如實坦承，態度落落大方。

「我是沒本事通靈，所以才學斗數論命。你既然能通靈，何必捨近求遠，有問題就問神明，豈不省時省力？」

能靠父母就不靠自己，能靠臉又何必動手，既然吳先生通靈無礙，我想不通爲何還要特別花心力去做學問？

「神明告訴我，學斗數對我有幫助……」

每逢信徒來問事，吳先生會完整轉達神明的話語。由於那是神明的台詞，並非他的解讀，所以常會出現信徒聽完豁然開朗，而轉述的他還是很迷惑，無法身歷其境地體會事件。因爲這層緣故，神明建議他去學習紫微斗數，有助於從更寬廣的角度看待信徒問題，對智慧的成長也有助益。

「所以你來學健康的，並沒有非要學到開館的程度不可？」

「是的，當初神明叫我學個基礎就好，可是我認爲都繳了學費，應該要認眞一點，學到開館的程度比較划算。」

「不用太認眞啦！命理是用專業賺錢，通靈是用收訊品質賺錢。你在通靈方面有天生的優勢，眞要投入身心靈產業的話，我建議走通靈路線較有錢途。」我比了一個money的手勢。

「既然你這麼說，我就不認眞了，學到夠用就好。」吳先生笑得燦爛，我猜這一次他有身歷其境。

通靈王的煩惱2：電池沒電了

曾小姐來問工作，還問了一個困擾已久的煩惱。

她是一位佛教徒，平時會誦經持咒做一點佛門功課，對神祕學也多有涉獵。另外，曾小姐有一個特別的能力，睡前在心裡默念問題，當晚夢中就會顯相出答案……

聽到這裡，我忍不住插話，「你都解鎖夢通技能了，何必再多花一筆錢算命？」

「因爲不通了。」

靈能力得而復失，其中可能涉及到資質、法門、風水、業緣、因果等層面，我沒有把握能找到原因。既然眼前有現成的命盤，我決定一試，或許能從中找到蛛絲馬跡。

我檢查了命盤，生年忌正坐福德宮，又會合天巫等星曜，收訊方面有天線有調頻，曾小姐確實具備通靈能力，首先排除了資質問題。至於爲何夢通不見了，或許癥結就在消失的時間點上，「什麼時候發現夢通消失了？」

「大約是一年前。」

「在那個時間點的前後，發生過什麼大事嗎？或者生活出現什麼改變？」

「眞要說的話，去年我參加一個禪修課，內容講的是生活禪和正能量人生。我本來沒什麼朋友，卻在班上認識了不少朋友，同學們私底下也會相約出遊，我覺得很開心……參加禪修課，這應該是唯一的改變吧。」

生活禪、正能量、好朋友……幾個關鍵詞由點而線、由線而面，逐漸在我腦中拼湊出一個大膽的想法。

「你是不是以前每天持咒誦經唸佛，規律得像個苦行僧。自從上課之後，你就和同學們玩瘋，荒廢了以前的功課？」

曾小姐瞪大眼睛，一副不可置信的表情，「完全命中！我以前每天會做藥師咒和地藏經的早晚課，後來參加禪修營就改做新的功課，以前的功課越做越少，後來索性就不做了……」

接著在她的追問之下，我道出推論的過程。

眾生的心性不同，適合的法門也不同。這就是爲何佛法只有第一義，佛卻傳下八萬四千法門。

福德宮坐生年祿的人，最具歡喜心，吸引力法則、豐盛顯化之類的法門最能相契。曾小姐福德宮則是坐生年忌，畫風偏向精進心，適合以苦行、持戒、守律等路線修行，夢通很可能是這樣修來的。如今她改修歡喜心路線的課程，完全是走錯了道，課程與心性不相契，想要成就無異是緣木求魚。再加上曾小姐斷了功課，靈力彷彿缺電的電池，遲遲得不到充能，慢慢也就沒電了。

「我還以為生活禪和持咒誦經都是佛教法門，沒想到竟有這麼大的差別。不過你說的對，我個性傾向悲觀，的確很難像某些人那般，無條件相信世界無比美好，那種樂觀我真的學不來……」

「快放開那些正能量，你跑錯棚了！」我開玩笑地說。

一個月後，我收到曾小姐的來電。她說重拾做早晚課的習慣，如今感應力恢復，久違的夢通也回來了。

通靈王的煩惱3：收訊不穩

林小姐是一名靈療師，平時為個案做心理療癒，也有開設身心靈課程。論命的時候，她自承是個過河的泥菩薩，勉強度人但自身難保。

執業至今，她的收訊時強時弱，不穩定的連線品質一直是硬傷。

林小姐曾經找過幾位老師，得到的答案莫衷一是，反而越問越迷惑。後來她嘗試一些新方法，可是每當情況一有改善，很快就會舊事重演，收訊不穩彷彿是永不斷根的陳年痼疾，不知不覺間成了她的一塊心病。

「爲何收訊不穩，紫微斗數可以查嗎？」林小姐忍不住探問。

「可以。」我說。

紫微斗數的推論系統分工精確，問感情可看感情的宮位，問工作有工作的宮位，問通靈當然也有對應的宮位。

我審視命盤，福德宮空宮，沒有主星入駐，猶如空廟裡沒有神尊坐鎮，當下心裡就有了底。

從修行的角度來看，福德宮沒有主星容易道心不穩，往好處說是各種事物的接受度高，往壞處說是難以堅守信仰。至於空宮是好是壞沒有定論，有人喜歡一門深入、有人偏好海納千川，端看各人的解讀了。

「我說個事，你確認是不是你的狀況。」見林小姐沒有異議，我接著問了，「你一看到哪個法門或道場厲害，就會忍不住試試。於是今天跑A道場，明天上B山頭，後天修C法門？」

「對對對，那就是我的狀況，有什麼不妥嗎？」林小姐問。

「這就是問題了。」

「觀摩別家提升見識的同時，也能學習百家之長，爲何會有問題？」林小姐納悶地問。

「一是磁場會亂，二是基礎不穩。」我開始解釋原因。

每個道場有各自的磁場頻率。如果經常去不同道場修持，無異於收音機一直轉台，當然對不上頻，收到的只有雜訊。

至於為何林小姐會通靈，卻捨近求遠四處取經，那就牽扯到道心，也可以理解為對神明的信仰程度。

如果一個人的道心堅定，在穩固的信任地基之上，就能架設天線，建立強大的收訊能力。反之，一個人的道心不穩，薄弱地基別說支撐不了架設天線，擺一台收音機已是上限，收訊最多也就是那樣了……

「被你說中了，以前發生過一些事，造成我對神明有心結，一直逃避沒有面對。或許現在是個契機，我該解決這塊心病了……」

接下來，林小姐敘說一段錯綜複雜的公案，那是她修行的經歷。一旁的我聽得五味雜陳，換作我是她，我也不知該如何自處。

我沒有給她三個裝有妙計的錦囊，而是給出三個電話號碼，「你的案子太特別，我處理不了，但是其他人可以。這裡有三位老師的聯絡方式，人品和專業我信得過，相信可以處理你的狀況。」

「你不幫我？」林小姐問。

「術業有專攻，我相信他們這一塊可以做得更好。」

命理師和醫師做的事情是一樣的，該轉診就轉診，爭取黃金救援時間！

通靈王的煩惱4：不想聽神明的話

魏先生是修行人，我對他略有耳聞，平常除了爲信徒處理問題之外，每年都會開設幾個修行班。由於教學活潑有趣，歷屆學生熱情放送推薦，班班爆滿的榮景羨煞同業。

「我在猶豫明年是否繼續開班，能否就命理的角度給我建議？」

魏先生問得我滿頭問號，別的老師是爲了搶學生爭破頭，他倒是想著把學生推出去？

我看命盤是通靈王本王的格局，心想時辰大概沒問題，直接跳過定盤階段，從流年的招生狀況切入。

紫微天相坐入流年子女宮，正好是「紫破辰戌、君臣不義」的格局。紫微是帝星，學生當自己是皇帝，再加上擎羊、陀羅肆虐，老師叫得動學生才有鬼！

「去年的學生很有主見講不聽，叫他往東偏往西？」

話一說完，魏先生就激動了，「完全講不聽！叫他們按部就班修練，結果一直亂改儀軌，害我整天擔心他們修到走火入魔！」

我看了流年子女宮，繼續確認今年的招生狀況。幾顆祿星雲集，意味著學費收入豐厚，可惜天梁也坐入宮位，災星入駐必生問題。

天梁是解厄星，逢兇能解厄，遇難可呈祥。可是解厄的前提是要先有厄才能解、先遇難再呈祥。今年子女宮見煞不見吉，盤勢是典型的兇多吉少（兇星多吉星少），也就是解厄一時爽，一直解厄一直爽……

「今年的學生狀況多，你會忙於各種危機處理喔。請問學生是卡陰，還是風水出問題？」

「都有！」魏先生又激動了。

卡陰、惡風水、被下降頭、祖先情緒勒索……不知爲何，今年學生的狀況特別多。爲了處理他們的問題，魏先生疲於奔命，忙到連放假的時間都沒有，累到開始懷疑人生了。

聽完魏先生的講述，這才明白通靈班老師是高危職業，難怪他會教到厭世。

回歸正題，我檢查了明年的招生狀況。

七殺與文昌同坐子女宮，七殺有個性，文昌堅持原則，會合的煞星也增加了教學的挫折感，又是弱師配強徒的講不聽組合。乍看之下盤勢不美，但是架不住祿星雲集錢太多，局面只能說是痛並快樂著。

「好吧，我做結論。明年的班也是屎坑，可是學費會收到麥克麥克，要錢或要心情，你自己選擇吧。」

「好煩！好煩！」魏先生翻了個白眼，不住犯嘀咕。

「煩什麼呢？」

「好煩，爲何你講的和神明一樣！」

原來，魏先生早已問過神明是否開班，回覆也是要他自己選擇。

好一會兒，魏先生不死心又問，「哪一年開班，可以收到又乖又不惹事的小天使？」

我一路掃視流年子女宮，沿途都是熊孩子，一直到了二〇二五年才找到傳說中的小天使。

該年廉貞化祿入子女宮。廉貞主精神，化祿則精神愉快，如果開班一定教得很開心。

「小天使難產，二〇二五年才出生。所以，你明年決定要開班了嗎？」

「別問我，我不想面對。」魏先生喃喃道：「小天使，我的小天使在哪裡……」

【人生課題】

不用聽神明的話，神明也不要你聽話。

上帝不控制，祂給予我們自由意志。

【我的建議】

傾聽內心的聲音，只要清楚自己要什麼，怎麼做都是對的。

【他的選擇】

約莫在一個月後，我在網路上曾見魏先生的招生公告，果然他還是逃不過眞香定律。煩惱即菩提，煩惱即黃金。人生在世難免有煩惱，這是正常現象，請安心服用。

第二張命盤：家有巨嬰

在成爲命理師之前，我是一位職業作家，出版著作七十餘本，筆下創作的靈異小說更是超過四十本，稱得上是著作裡的最大宗。之所以會有如此高的占比，大概和我小時候喜愛閱讀妖怪故事有關，無論是歐美的怪談，或者是東方的鄉野傳奇，我幾乎有書就看，可以說是來者不拒。

在林林總總的妖怪之中，就屬日本的「子泣爺」最令我印象深刻。

當旅人走在深山小徑，耳邊揚起嬰兒的啼哭聲，若是好奇循著哭聲走去，便會在路邊找到一個長著大人臉孔的嬰兒。這時候該生起警覺心，佯裝不知地路過，他哭他的、你走你的，兩不相干方爲上策。萬一同情心泛濫而背起嬰兒，那嬰兒就會越來越重，怎麼甩也甩不掉，最後壓死背他的人。

小時候，我總覺得山裡的旅人太天眞，怎麼會抱起長得像大人的嬰兒，然後活活把自己壓死……長大後才發現天眞的是我，子泣爺根本不是傳說故事，並且活生生存在於我們的生活周遭。

佛系人生

我坐在咖啡館內的一個角落，從容放下手中的咖啡杯，望著手機螢幕所標示的時間，心想那個人應該快來了。嗯，更準確的說法，應該是「那兩個人」。

姚小姐是我的老朋友，長年旅居海外，生性開朗的她就像一個小太陽，總能溫暖身旁的每個人。有一年，她即將從台灣搭機返回歐洲，離去的前幾天，她特意買了一些禮物，分送給在幾位在台灣的好友做紀念。

在我收到禮物的剎那，內心波瀾澎湃，久久不能自已！那是一套絕版書，足足有十來本。過去我遍尋書店和網路賣場也找不齊的夢幻逸品，沒想到竟會以這種形式出現。僅僅是因爲聽我說過一次，她就悄悄穿梭多間書店去張羅套書，只爲給我一個驚喜。朋友能做到這種程度，眞的是打著燈籠也找不到了。

有一種朋友叫姚小姐，無論經過多少年，你總會懷念。因此，一聽到她說想帶弟弟來論命，我二話不說就答應下來，於是有了今日之約。

不久，姚小姐帶著弟弟來到。經過幾句短暫的寒暄，我們進入正題，開始了今日的論命。

迥異於姐姐裝扮的繽紛多彩，往往成爲人群中的焦點；姚先生則是一身暗淡顏色，總是低著頭，極少與人對視，就連話也不多說一句。若說姐姐的存在感強烈，輕易就能吸引眼球，那麼弟弟就是完全相反的類型，一個標準的路人角色。

「你想問什麼？」我說。

「沒有。」姚先生的冷箭促不及防，一開口就把我射暈了。

就在我被句點的時候，一旁的姚小姐馬上把情勢導成了逗號，「你不是要問工作嗎？」

「好吧。」姚先生一頓，隨即又把視線黏回桌面。

我一愣，意識到情況有異。原來不是姚先生要論命，而是被姚小姐押過來簽到，難怪會一副生無可戀的樣子。

「要問工作的什麼事？」

「那我問——」姚先生彷彿一顆枯竭的電池，講了三個字就沒電了。見弟弟遲遲沒有下文，姚小姐忍不住又跳出來，「他今年打算換工作，想問做哪一行比較有前途？」

我反覆端詳手機螢幕上的命盤程式，當滿天星斗映入眼簾，星星背後的故事一個個隱然成型，我似乎明白爲何姚小姐會押送弟弟來論命了。

命宮、福德宮沒有主星，命主容易受環境影響，心無定見隨波逐流。

本命官祿宮有天同星坐守，天同軟弱做不了體力活，只想做有興趣的工作。雖然同坐的擎羊激發了天同的鬥志，但是三方來沖的陀羅、火星、鈴星和地劫帶來巨大壓力，只要工作上稍有不順，剛想奮鬥的天同就會不堪挫折而躺平。

另外，大限官祿宮是被諸多吉星保護得很好的被動天相，十年內除非是被人逼著找工作，否則找工作也是不痛不癢，皇帝不急倒是急死旁邊的太監。

「換工作的第一件事，就是要有工作的意願……」

或許是我的話敲進姚小姐的心坎，當下她打開了話匣子，一股腦托出事情的始末。

姚先生在家排行老四，前面有三個姐姐。由於是家中唯一的男丁，在重視香火的閩南傳統家庭裡，自然是被父母視若珍寶。手捧著怕摔了，嘴含著怕化了，從小要多寵有多寵，沒想到這一寵竟然寵出了問題。

學生時期，姚先生看似正常，沒出過什麼狀況，但是一踏入社會，出的都是大問題。熬夜起不了床，蹺班。電動打得正起勁，蹺班。被上司罵，蹺班。今天想去看海，蹺班……五花八門的蹺班，造就姚先生不是失業，就是在失業的路上，收入極不穩定。家人覺得這樣下去不是辦法，不時給予規勸，偏偏姚先生視錢財如糞土，任家人們好說歹說，都不能勸服他認眞上班。逼不得已，姚小姐這才把他押過來，想說換個人來講，或許這回能夠忠言入耳。

講累了，姚小姐啜了一口花茶，「我弟弟這個樣子，到底可以做什麼工作？」

「做他有興趣的事。」我轉過頭，盯著一臉木然的姚先生，「能不能告訴我，你想做什麼？」

約莫過了十秒鐘，姚先生艱難地吐出台詞，「開計程車。」

開計程車就是自己當老闆，要參看的宮位和一般上班族有些差異，除了官祿宮之外，也得參看財帛宮。

本命財宮天梁化祿和地劫同坐，正是「祿逢沖破」的格局，對於賺取錢財十分不利。天梁主清高，搭配祿逢沖破就是清高得不把錢當回事，頗有幾分不爲五斗米折腰的調調。天梁化祿也主長輩財，缺錢自有父母給，努力賺錢什麼的太抽象了。

大限財宮空宮，此限無心賺錢。雖然福德宮的武曲忌來沖財宮，心裡也有幾分爲財煩惱的意味，但是煩惱歸煩惱，賺錢的積極性依然感人。

此外，計程車出外奔波賺錢，也要合參遷移宮。

大限遷移宮馬行絕地，猶如一隻馬在原地動也不動，即使有人叫車，運將說不定還會貪懶不想出車。

我低頭看了一眼命盤，笑說：「可以是可以，但是你會推單。」

姚先生會心一笑，這是他今晚第一個浮現的表情。形如木頭的他，此刻多出了一縷人味。

「聽到了沒，所以我才不贊成你開計程車！租車或買車都要花錢，你愛開不開的，到時候還不是要喝西北風。」從姚小姐激動的反應來看，家裡已經討論過開計程車的計畫，無奈姚先生的歷史記錄太坑，所以得不到家人的支持。

面對姐姐的唸叨，姚先生化身爲句點先生，繼續句點姐姐的每一句話。

姚小姐講到心累，索性把弟弟當空氣，話鋒一轉又問，「唉，跑個車也要推單……依照你的評估，到底我弟弟能不能開計程車？」

「現在的重點，應該不是他能否照著你們的期望工作，而是他做哪一行比較長久。如果又做沒興趣的工作，他還是會蹺班……」

姚小姐扶額，用手肘輕輕推了弟弟一把，「你還有什麼要問的？」

最怕空氣忽然安靜。面對毫無反應的弟弟，姚小姐越發感到尷尬，最後揮揮手，示意他自行回去。姚先生簡短做了道別，接著如蒙大赦，一眨眼就跑得不見蹤影，留下我和姚小姐相視苦笑。

姚家那本難唸的經

「你放寬心吧，就算管得了他一時，也管不了他一輩子。」見姚小姐的眉頭依然緊鎖，我就勸了幾句。沒想到平日爽朗活潑的她，也會有這般憂煩的模樣，果然是天生一物剋一物，弟弟正是姚小姐的軟肋。

「如果可以，我當然想放下。可是我不解決問題，問題就會解決我……」姚小姐長吁一口氣，趁著現場沒有外人，娓娓道出自家那本難唸的經。

原來姚先生已經結婚，連孩子都生了，偏偏他沒有一家之主的自覺，都三十幾歲的人，工作仍不穩定。就這樣，姚先生不事生產，姚太太收入微薄，一家陷入了寅吃卯糧的窘境。

所謂天下父母心，媽媽擔心媳婦會和兒子離婚，更不忍金孫變成單親家庭，因此每當兒子缺錢時，媽媽就會出手周濟。然而兒子是個無底洞，直到積蓄用完了，媽媽就把腦筋動到女兒身上，左手剛找女兒要錢，右手就把錢遞給兒子。

起初三個姐姐還願意幫忙，但是次數多了便感到不對勁，她們可以養父母，可是沒道理要背負弟弟的人生。三個姐妹也曾好心勸導媽媽，別再拿錢填弟弟的坑，沒想到媽媽毫不避諱對兒子的偏袒，母女爲此生起無數次的爭執。

母親那邊說不通，三姐妹就勸弟弟上進。然而弟弟力行佛性人生，媽媽也堅持向其他子女拿錢給弟弟，此事便形成一個無解的死結。母親不改其性，姐姐們不堪其憂，而弟弟不改其樂。

講完難堪的家事，姚小姐又開始長吁短嘆，「好煩，每次回台灣都在處理這些破事！我眞的不懂，爲何他不肯好好工作？」

論一個人的心性，命宮主性格，福德主精神，疾厄則是潛意識。

命福空宮，個性隨波逐流。疾厄宮又有高枕無憂的天相，還有盈庫的天府會合，下意識自覺富足無虞，再加上只想做有興趣的工作，以及不缺錢的金錢態度，命盤上還真找不到一絲必須努力的理由。

「因爲他內心富裕，感受不到貧乏，自然沒有努力的念頭。」

「他瞎了嗎！家裡都掀不開鍋了，到底哪裡富裕了？」姚小姐一激動，差點兒打翻桌上的瓷杯。

「這取決於你對富裕的定義。有人認知的富裕是物質富裕，有人認知的富裕是時間富裕，你弟顯然是後者。」

「所以對他而言，上班會吃掉他的時間，反而讓他貧乏焦慮。蹺班卻會多出很多時間來揮霍，那才是他認知的富裕？」

「從這一刻起，你是他的知音了。」我打趣地說。姚小姐的臉上掛了三條線，嫌棄之情溢於言表。

「可是，不管他對富裕的定義是什麼，一旦沒錢吃飯，還不是得感到貧乏？」

「就算現實想讓他貧乏，你媽也不允許。」

姚小姐心有戚戚焉，語氣充滿無耐，「要求他別蹺班很過分嗎……唉，我不知道該拿這個弟弟怎麼辦才好，眞是恨鐵不成鋼。」

無需負重也能前行

「鐵就是鐵，爲何要成鋼？只要他想，他當然可以過佛系人生。」寥寥幾句，卻是我的肺腑之言。我認爲努力上進是選擇、佛系人生也是選擇，只要可以承擔後果，每個人都能有自己的選擇。

「哪有佛系人生，哪有歲月靜好，還不是有人替他負重前行。」姚小姐不以爲然。爲了這個不認眞工作的弟弟，她不知操碎多少的心。

「無需負重，你也能前行。」我說。下一秒，我分享了「子泣爺」的故事。面貌是大人，身體卻如嬰兒，這樣的子泣爺不在深山，而是在她的背上。我告訴姚小姐，弟弟就是個巨嬰，爲何要背著他前行？

一時間，姚小姐似乎想通了。但是不久，豁然開朗的表情逐漸黯淡下來，「我曾經試過不幫弟弟，但是媽媽吵得兇，我實在拗不過她……」

「弟弟是巨嬰，你媽也是。沒有哪個好人是巨嬰壓不死的，如果一個不行，那就兩個。」

姚小姐無語，坐在對面的我，似乎感受到她的心情。原來沉默是藍色的，憂鬱、平靜，而且深不見底。

良久，她終於打破沉默，「我很努力解決問題，家裡還是烏煙瘴氣，是我錯了嗎？」

「你們都對，沒有人錯。」我說。

弟弟追求自己的生活、媽媽愛子心切，姚小姐關心家人，他們都沒有錯，只是距離不對。人心如火，近了灼傷手掌，遠了反而溫暖人心。

「搞了半天，給你算命的人不是我弟，竟是我自己。」或許是接受我的解釋，也或許是她有了新的啓發，姚小姐的眼神倏地明亮起來。她給了我一個久違的小太陽式笑容，會讓人感受到光與熱的那種。

【人生課題】

與其糾結誰對誰錯，不如找出對的距離。

【我的建議】

無需負重也能前行，珍愛自己遠離巨嬰。

【她的選擇】

幾天後，姚小姐回覆我想通了，現在不管媽媽說什麼，她都回覆是喔是喔，然後就沒有下文了。自從下定決心放生那兩個巨嬰，她不再處理家裡的鳥事，現在是無事一身輕，心情也變得特別美麗。

我衷心爲她感到高興！其實山裡的子泣爺壓不死人，也沒那麼難甩開，眞正放不下的是旅人自己。

第三張命盤：怪病

一言不合就暈倒

張先生來論命，我照例先問幾個問題定盤。

「小時候腸胃差？」我問。

「對。常拉肚子，長大就好很多。」

「你是不是嚴守規矩，自律心也強？」

「對。我從不遲到早退請假，也沒有記過的紀錄。」

「父親是不是管教嚴格，你們價值觀完全不同，相處起來很有壓力？」

「對。他的規矩很多，從怎麼穿衣服到幾點睡覺都有規定，搞得我很緊張。」

收到了三個對，我速速完成了定盤，「這就是你的盤了，要問什麼？」

「我身上有個怪病，想問問是怎麼回事。」

一時間我懷疑自己聽錯，好心出言提醒，就怕他走錯棚，「我不是醫師，是命理師喔。」

「我找的就是命理師。」接下來，他道出自己的怪病。

張先生第一次發病是在國中時期，發作時人會沒來由地斷片，先是耳鳴和眼冒金星，接著兩眼一黑就暈了過去，約莫十幾分鐘內醒來。從此怪病就像常駐程式一般，每年會發作至少兩、三次，嚴重時是六、七次，直到現在仍未斷根。

這些年來，張先生陸續找過不同醫師檢查，腦科、神經科、精神科、中醫等都試過，可是檢查結果全是正常，遲遲找不出病灶。他自嘲似乎有個風吹草動就會暈倒，活像是網路上火紅的暈倒羊。

乍聽之下，張先生的病很駭人聽聞，然而一路走來卻是有驚無險。在學校暈倒，師長同學送他到醫護室。

也曾在軍營暈倒過兩次，後來長官怕出意外，直接安排他在室內做文書，免去一些出操的場合。

出社會後倒是不曾在公司暈倒，有也是在家裡，倒是沒出什麼亂子……

本來這病不礙事，求醫也找不出結果，張先生就放任不管了。直到兩個月前他又在家裡暈倒，猛然趴在地板上，醒來頭上腫了一個大包，當下令他後怕不已。這次是頭撞到地板，如果下次暈倒是撞到桌角，或者在外跌落樓梯，甚至是在行車時發作，後果實在不堪設想。

既然醫師找不到病因，張先生決定改找命理師試試，興許病灶不在醫學而在命理也說不定。

病有百百種

聽完張先生的遭遇，我並不感到詫異，反而一股熟悉的感覺湧上心頭。「你的病根不在命理，而是心理。」我講得篤定，因爲我對這個怪病並不陌生，以前算過類似的命例。

我又問了張先生一些問題，並且簡單確認他家的風水，等到收集了足夠的資訊，我便說出自己的推論——

醫院檢查不出結果，暫時排除是身體疾病。

家族沒人有類似的遺傳病史，初步排除是遺傳病。

在外地的軍營也會發病，初步排除了風土病的可能。

由於張先生和父母同住，雖然家中風水有小瑕疵，但是對不上張先生的病症，所以初步排除是風水病。

發病的週期極長且不規律，再加上破壞力弱，初步排除是鬼神病……

排除了種種選項，最後矛頭指向心理疾病。我又低頭看了潛意識（疾厄宮）、精神（福德宮）、性格（命宮）等與心理相關的宮位，更加確定自己的猜想。

疾厄宮是天府坐守，廉貞七殺對拱。此盤的天府劣化，六煞得其五，天府的穩重不再，反添激進的色彩。對宮七殺和擎羊來沖，過量的刑星加重控制慾和強迫症的傾向，再加上同坐的廉貞也劣化，精神更形偏激。整個來說，命主的潛意識就是一隻激進的野狼。

然而內裡是一隻狼，外在卻披著一張羊皮。

命宮的天梁主原則，得到左輔、右弼等吉星拱衛而吉化，使得天梁對原則的堅持合於普世價值。同時，天梁也被羊陀所夾，使得命主個性拘謹，行事不易放開手腳，更不會做出太出格的事。

福德宮則是借入天機太陰。天機主計算、太陰主思慮，三方吉星多見，使得命主謀算清楚、思慮清明，結合命宮的穩重拘謹，不太會做出惡事使自己陷於險地。

因此，當激進的疾厄宮與保守的命、福形成巨大反差，就是內外表現不一，嚴重地違逆心性。

寶寶委曲，但是寶寶不說。可是心裡的苦，身體最知道，所以就算寶寶不說，身體也會做出反應。

張先生點點頭，認同我的推論，並且繼續追問，「我的心爲什麼生病了？」

「因爲——太委曲。」

當我一說完，張先生兩眼冒出滿滿問號，彷彿我講的是別人家的事情，「請問我是怎麼個委曲？」

你的病是太委曲

「簡單說，你的內在本心與外在性格存在巨大的落差，產生了勉強本心去遷就性格的委曲感。於是當你感到太委曲，暈倒這項保護機制就會出現，切斷你與世界的聯結，也切斷當下正在膨脹的委曲感。」我試著以簡單的語言描述怪病的原理，雖然乍聽之下也不簡單就是了。

「當我覺得太委曲，我就會暈倒，以免我繼續受委曲？」

「所以才說，暈倒是你的保護機制。不然你回想一下，以前都是在什麼情境下斷片？」

「在學校都是發生在老師訓話的時候，在軍中是長官訓話的時候，在家是老爸訓話的時候……媽呀，我開始相信你了！」張先生的目光大亮，彷彿發現新天新地。

「不想聽訓就斷片，這根本是神技了！」我由衷讚嘆張先生的技能。

「可是大家都會受委曲，爲何只有我暈倒，其他人卻不會？」

「因爲你內外不一。」這是我所能想到最簡單的解釋了。

如果內外皆弱氣，遇到委曲也不怕，反正我就孬，躺就完事了。如果內外皆硬氣，遇到委曲也不怕，反正我就懟，幹就完事了。

比較麻煩的是內外不一。

例如張先生就是內在本性寧折不彎、異常剛烈的大野狼，偏偏外在性格是守法重紀又超會自我約束的小綿羊。每次遇到不想聽或不想做的事，明明心裡的大野狼要幹回去，可是小綿羊又會乖乖奉上左臉頰給人抽，於是大野狼委曲但是大野狼不說，乾脆直接閉屏，來個眼不見爲淨。

大野狼一閉頻，張先生眼一黑，世界就清靜了。

「原來，這就是斷片的眞相……」張先生哭笑不得，旋即又問了，「我不想再斷片了，有解決方案嗎？」

「做到心口如一。」

「怎麼做？」

「順從內心的聲音，遇到不想聽或不想做的事別忍耐，想打斷就打斷，想懟回去就懟回去。因爲受到外在性格的羊性拘束，沒辦法眞的像狼一樣狠，但是至少做一頭有血性的羊，被壓迫時好歹要弱弱地頂回一兩句。」

張先生似乎是大腦當機了，竟然呆滯了很久……

「你斷片了喔，快醒醒！」我緊張地喊了幾聲。

「沒斷片。我剛剛在腦中模擬幾個情境，發現自己的詞匯很貧乏，遇到了想拒絕的事，也不知道該怎麼把話懟回去。」

「遇事不決三字經，先講先贏！講了之後，後面台詞會啵啵冒出來，自然話講得行雲流水。不然，現在就試試！」

「罵你三字經嗎，這種要求我是第一次聽到……」

「試試吧，快把握機會！以後可沒我這麼好的人讓你練習，直接就要上陣了。」我一旁鼓勵張先生，孩子的教育不能等。

「幹……幹……幹……」張先生幹了半晌，就是講不出完整的三字經。

「還差兩個字，你快成功了。」

「幹！不行啦，三字經太髒了，我最多只能講幹。」張先生果斷回絕。

「恭喜畢業！你做得很好，這不就拒絕我的要求了。」

「謝謝，我知道以後該怎麼做了。」張先生興奮地握緊拳頭，應該是領悟收放自如的奧義了。

【人生課題】

心裡的病，身體最知道。

【我的建議】

不當壓抑的僞君子，寧做自在的眞小人。

【他的選擇】

約莫過了一年，某日我心血來潮憶起張先生的事，主動聯絡上他，想要知道事件的後續。

「說也奇怪，以前每年至少要暈倒兩次，可是這一年來完全沒發作，說不定纏身多年的病就這麼好了。」

「現在你遇到不想聽或不想做的事，具體都是怎麼做？」

「要嘛直接說不，要嘛轉身走人。」

「可以舉幾個具體的例子嗎？」我好奇地問。

「爸老是叫我快點交女友，以前我就算不以爲然也會附和。現在我會說不想聽，然後轉頭就離開了。」

「有個性！你長大了。」

「機車的同事拗我代班，以前我就算不想做也會幫忙。現在我會回不要，直言不想代班，再問也是不想代班，嗆完我就念頭通達，心裡爽快多了。」

手機傳來張先生爽朗的笑聲，彷彿在告訴全世界，昔日的小羊已經有了血性，從此不再任人宰割了。

第四張命盤：所謂剋夫命

有生必有剋

李小姐約莫不到三十歲，穿著剪裁合身的洋裝，搭配簡單的髮型，自然流露出素雅的氣質。她露出一個禮貌的微笑，旋即嘴角微微下垂，彷彿方才不過是強顏歡笑。

報完生辰，李小姐緊接著問了，「世上是不是有旺夫的命格？」

「有。」我不假思索地回覆。話音剛落，一顆淚珠滾落李小姐的臉龐。

（呃，說沒有才是正解嗎？）

我當下一愣，懷疑自己無意中說錯了話。

等她不再抽咽，淚水也拭乾了，我這才開口，「我弱弱一問，你剛才爲什麼哭了？」

「有旺夫命就證明有剋夫命，一想到我是剋夫命，我就……」李小姐說到悲從中來，拿起面紙又擦起眼淚。

託李小姐的福，我算是大開眼界！原來問題正面問簡單明快，反著問也能如此清新脫俗，其中更蘊藏有邏輯辯證之理。

「我都還沒看盤呢，你怎麼就知道自己剋夫了？」

「周圍的人都這麼說我，就連其他兩位算命老師也這麼說。」

聽她說得煞有其事，我反而感到困惑，「既然你相信之前命理師的說詞，這事就算定案了，怎麼又想找我？」

「如果醫師宣判你得了絕症，難道你就這麼信了，不用另外再找幾間醫院複查嗎？」

「你說得對。可是有一件事說錯了，那就是沒有剋夫命這回事。這麼說吧，剋夫命是否存在，取決於你怎麼定義它。」

李小姐思考片刻，吸了吸泛紅的鼻子，「從有旺夫命就有剋夫命的角度來看，怎麼定義剋夫命？」

運氣轉輪盤

我稍事整理思路，開始解釋李小姐發來的大哉問。

剋夫命的故事在民間流傳甚廣（當然也有剋妻、剋父、剋子等），彷彿男子一娶到剋夫命的女人，注定得要霉運纏身。

例如一結婚就夫家破敗、雙方吵到家宅不寧、更有甚者結褵不久便陰陽兩隔，剋夫的影響簡直包山包海，每件聽起來都是玄乎其玄。不過細究其內容，剋夫的範圍不脫「運勢」、「相處」和「生死」三種類型。

至於李小姐所指的旺剋，顯然是從「運勢」的角度著眼，剋夫指的是拖累配偶運氣變差。

俗話說「十年河東、十年河西」，人的運勢隨著時間產生起伏，因此結婚的流年異常重要。即使是同樣的一對璧人，結婚在旺運便能得到沖喜的力量，自然家運日益繁盛；同理，結婚在衰運將受到沖煞的影響，家宅不寧便在預料之內。

因此一個人的感情運再不濟，一生至少也有幾個生旺家運的結婚佳年，而一個人的感情運再好，一生也有幾個踩了就倒楣的結婚流年。既然帶旺或帶衰嚴重受流年宰制，與其說剋夫是命格的左右，倒不如說受運限的影響來得更大。

「就算時運的影響比較大，但是不可否認，男女雙方的運氣總有高低之別吧？運氣低的那一方，難道不會拖累另一方，形成剋夫的效應？」李小姐又一道犀利的追問。

「還是得回歸時運的影響喔，如果時運配合良好，運強的一方也能帶旺運氣較弱的一方。例如灰姑娘運較弱，起點是平民；王子運強，起點是貴族。難道兩人結婚，你要說灰姑娘帶衰王子嗎？」

相愛容易相處難

李小姐點頭，認同我的說詞，接著又開了一個新話頭，「婚姻坎坷、數度離異的女人，不也是剋夫命嗎？」

「這是另一種定義的剋夫，指的不是運氣，而是兩人相處的問題。」我開啓新一輪的解釋。

人與人之間的緣分各不相同，有甜有苦有親有疏有愛有恨。

同樣是兄弟，有人是打虎捉賊親兄弟，有人是親兄弟明算帳。

同樣是親子，有人是父母待子心頭肉，有人是父母視子如仇寇。

同樣是夫妻，有人鶼鰈情深，有人同床異夢。

之所以有其中差異，不過是緣分好壞罷了。雙方存好緣則相處融洽，歹緣就相處辛苦。

「人不可能交好所有人，與某人交惡也很自然，不需要冠上刑剋的帽子。比如兄弟打架，只是相處不來，互相不投緣罷了。兄弟如此，親子如此，夫妻也是如此。」

「也是。現在離婚率這麼高，貌合神離的怨偶也不少，如果處不來就說是誰剋誰，這罪名也太大了。」

李小姐口頭講著明白，眼神卻漫出了空洞的黑暗，我不禁探問，「你還未告訴我，究竟經歷了什麼事，讓你自覺是剋夫命？」

「我……」話一出口，她數度哽咽，梗在喉間的故事意外地沉重。

或許愛更深

不到十年的時間，李小姐的情路走得跌跌撞撞。

她和第一任男友交往數年，已到了論及婚嫁的地步，沒想到男友去做健康檢查，竟被告知是癌症末期。當時她晴天霹靂，一時間無法接受，反倒是男友暖心安慰，保證會努力痊癒，約定病好就把她娶回家。

後來，男友食言了，終究沒有步上約定的結婚禮堂。

好不容易她走出情傷，遇見了第二任男友，再度感受到愛情的魔力。在情人節的時候，男友精心準備了求婚，浪漫得讓她永難忘懷。李小姐又哭又笑，答應了他的求婚，以爲自己是天底下最幸福的女人。

本以爲這回的愛情會有幸福結局，可是一連數月過去，她聯絡不上男友，遲遲等不到他來提親，卻等來一則私訊。男友說被債主追上門，必須要跑路，爲了不耽誤她，婚約之事就此作廢，請她另覓良人……

憶起情人節，便是斷腸日，從此李小姐不再過情人節。

「一論及婚嫁，我和男人不是死別就是生離，我是不是剋夫……」

說者哀淒，聞者心酸。我看著她的命盤，大概猜出了原因。命盤的吉星和煞星涇渭分明，像是約定好劃分地盤一般，吉星都座落在偶數年的宮位，煞星多集中在奇數年的宮位。

如果在偶數年交往對象，流年夫妻宮必定落在偶數年的宮位，一交往就能接收到諸多吉星的吉祥磁場，感受戀情的種種美好。反之若在奇數年交往對象，流年夫妻宮必定落在奇數年的宮位，一交往或情緒對待、或同床異夢、或困難重重，甚至生離死別，將會充份感受到煞星的破壞力。

「這兩位男友，是不是都在西元的奇數年交往，並且在奇數年離開？」我問。

（備註：正常步驟是以農曆年分計算，論命時為了節省換算國陰曆年頭年尾的時間，實務上會先問西元年分。）

李小姐立馬查循手機裡的資訊，赫然一驚，給了我四個西元的奇數年分，「這代表什麼？」

「代表命盤標示著人世間的悲歡離合。只要得到足夠的資訊，就能預警哪一年父母的身體可能出狀況，哪一年合夥的股東會拆夥，哪一年男友可能會離開。就像你的兩位男友，他們的命盤一定也標示著哪一站可能下車，不管你的命盤如何，都不會左右他們命盤的模樣。」

「命數天定？」

我拿起桌上的馬克杯，輕啜了一口咖啡，不禁有感而發，「是的，哪有什麼剋夫呢，有的只是各走各路。在人生的列車上，他們到站了，比你早下車，如此而已。」

「接下來的問題，我不知道能不能算。其實我對第一任的離開耿耿於懷，如果一切事物的背後皆有其意義，究竟我和他分離的意義何在？」

「或許你愛更深，所以捨得他走得比你早。」

呼——李小姐吐了一口長長的氣，悠遠得像是十年的夢境。

【人生課題】

人有悲歡離合，月有陰晴圓缺，一切隨緣聚散。

【我的建議】

哭著留他不如笑著送他，感謝對方陪過我們一程。

【她的選擇】

「其實有個男人追了我很久，但是我心裡有個檻過不去，一直沒答應他。現在我放下了，想問問這段感情如何？」李小姐不安地搓著手，稍微顫抖的聲音不知是因為緊張或期待，或許也夾雜了躊躇的心情吧。

我問了幾個相關的問題，然後看著命盤說了，「那個人不會太早下車喔。這一回，他會陪你很久、很久。」

論命時間結束，李小姐的嘴角微微上揚。我知道那是冒險者的笑容，滿懷著興奮，期待邁向下一段未知的旅程。

喔，對了，今年是偶數年。

第五張命盤：心愛的嫁別人

見識過形形色色的愛情故事，其中最令我惦記的一個案例，不是那些扣人心弦的浪漫奇情，也非光怪陸離的悲歡離合，而是一段平凡的感情。

邵先生的故事不風雅不溫馨不勵志也不正確，盡是人間的煙火氣。或許是像極了生活，這類故事太容易出現在周遭，所以每每憶起總讓我感觸良多……

至於生起了什麼感觸，我也說不清道不明。不過說不清楚也是正常，感情一向是蠻不講理，要來就來要走就走，找誰說理去。

十四年之癢

五年前，我和邵先生相識於某次餐會，當時他的臉上掛了兩個黑眼圈，外表極具標幟性，想不引人注意也難。我們天南地北聊得盡興，席間我談到幾件命理趣聞，無意間勾起了他的興趣，便請我幫忙推算命盤。

邵先生結婚十四年，經營一間小公司。我本以爲他要算事業，沒想到居然是問感情，倒是出乎我的意料。

看完命盤，我根據他給的資料，推算起結婚那一年的緣起。

流年夫妻宮正坐太陽化祿，又得左輔、右弼等吉星拱衛，形成「百官朝拱」的格局，三方四正也有多組祿權科，三奇嘉會百福臻祥。

太陽是事業星，化祿主事業興旺，百宮朝拱主事業規模擴大。所以邵先生一結完婚，便會接收到夫妻宮的吉祥能量，事業將會迎來蓬勃的生機。

這個婚結得好，妥妥的被旺夫啊！

「你是典型的娶某前生子後。是不是結婚的那年，事業就像火箭起飛，賺錢賺到一發不可收拾？」

「啊，確實有這件事！」

根據邵先生的說法，原本他主要做本地生意，沒想到一結婚就湧來很多外縣市的訂單，若說是那年起家也不為過。當初他以為是土地公顯靈，還特別跑去廟裡還願，現在聽我一說，這才明白背後竟然也有命理的運作。

「從命盤來看，你的太太旺你，夫妻間的感情也和睦，我看不出有何問題，為何有此一問？」

「你說的沒錯，我和太太的感情很好，但是我出了一點問題……」說到這裡，邵先生做了一個深呼吸，接著一口氣向我交了底。

這是一杯咖啡引發的慘案。

就在年初，邵先生和一位女業務在咖啡館聊生意，聊完生意聊是非，越聊越投緣，聊著聊著他整個人就不對勁了。回去之後，雖然彼此不再聯絡，女業務的笑顏卻總是浮現在腦海中，就連夢裡也都是她的倩影，已經嚴重到影響工作的程度了。他甚至擔心，夜裡和太太同寢會不小心喊出女業務的名字，屆時不知該怎麼向太太交代……

起初邵先生以爲是一時暈船，過幾天就會沒事，很快他就發現自己天眞了。兩個月，整整六十天過去，他對她依然魂牽夢縈，他再遲鈍也察覺到自己出事，居然在一個不該戀愛的時候戀愛了。

他覺得自己像是被眞菌控制的螞蟻，失去了大腦的控制權，活著就像行屍走肉，這種無法掌控自我的感覺令他恐懼。另外，背叛太太的負罪感也如萬斤擔子壓在胸口，沉重得要窒息。雙重壓力之下，邵先生夜不成眠，感覺自己快瘋了。

由於痴迷的強度太不科學，他一度懷疑被下蠱，直到在廟裡擲了三個聖筊，證實蠱是無辜的，他才粉碎這個荒謬的猜想。

本以爲這段感情會無疾而終，沒想到兩個月後，女業務又主動約他見面。從此兩人似乎養成某種默契，每週都會出遊聚會，雖然沒有逾越朋友的界線，但是本該熄滅的火苗越發熾烈了……

沒有硝煙的戰爭

「她是不是對我有意思？」話一出口，邵先生尷尬別過頭，眼神閃爍頻頻，複雜的表情很有戲。

我端詳著命盤，窺探這段感情的劇本。

流年夫妻宮有原局的火星獨坐，沒有主星坐守，整個夫妻宮長成了火星的形狀。火星主突如其來的熱戀，再加上流年火星也添了把柴火，愛情來得迅速猛烈，命主情難自制。

三方四正只見天鉞不見天魁，暗示了這段關係並非成雙成對，而是有第三者介入的婚外情。

另外，流年夫妻宮借入對宮的紫微和貪狼，正是桃花犯主的格局，恐怕這段關係是邵先生被女方一路牽著走，不存在什麼管控局面的餘地。

「應該僅止於曖昧。與其說她喜歡你，不如說是你一頭栽進去。」

「我明白了。」邵先生臉上表情變幻，又是一套複雜的表情。

「她就是你黑眼圈的原因？」

「是啊……」

「有照片嗎？」聽完邵先生的經歷，我不禁想在他的額頭上寫個慘字，更想知道是什麼奇女子能讓他如此掛念。

「稍等。」邵先生拿出手機，秀出好幾張照片。

「你栽在她手裡，不冤。」我把手機還給他。同樣身爲男人，我表示理解。

「明明有了太太，我卻成天在想別的女人。唉，我覺得自己像個渣男……」

「你不渣，相反的你很正派，不然就不會糾結出黑眼圈了。」

「不，我很渣。不然爲何吃碗內想碗外，老是想著外面的女人？」邵先生摀著臉，語氣流露出深深的自責。

「心很誠實，喜歡就是喜歡，騙不了誰。重點不是你喜不喜歡，而是你在直面內心的當下，做出什麼樣的選擇。」

「我愛我的太太，不想背叛她，但是現在心裡多了一個人，我該怎麼辦？」

「心理無法解決的事，換物理的方法試試，或許可以從下次拒絕她的邀約開始。」我給出建議，並沒有勉強他硬要用理性說服自己。人是感情的動物，曾經戀愛過的人都能明白，在洪水滔天的感情之前，理性的堤防一淹就潰。

「我試過好幾次了，可是心很誠實，身體更誠實。只要她約我，我就克制不住想見她的衝動，根本不可能拒絕。」

「如果自己解決不了，就讓時間來解決吧。」我說。

「時間……這段感情何時能轉淡？」

我「康康」……今年流夫有火星，處於無法自制的熱戀期，轉淡是沒機會了。

隔年流夫正坐文曲化科，化科長情，正是甜蜜的時候。

後年流夫武曲化忌，武曲化忌主斷續，盤勢好會斷了又續藕斷絲連，盤勢劣則是斷了就斷了。該年流夫見煞不見吉，重煞沖擊之下，屆時如果邵先生能夠堅守家庭，就有機會和那位女業務斷絕關係。

我推斷命盤，給了他一個時限，「這段感情今年斷不了，明年也斷不了，後年可斷。拒絕見她很難，我不勉強你，但是要把持得住，撐到後年就能走出困局。」

「我有可能把持不住，該怎麼辦才好？」邵先生問。

「看你的選擇了。只要你選擇善良，不要傷害任何人，時間一到就會解套。」

「謝謝解盤，我下回請你喝酒。」邵先生道別，收拾外套離去。

曲終人散，邵先生的背影逐漸遠去，如凋零的老兵。他的戰場沒有敵軍，那是自己與自己的鬥爭，一場沒有硝煙的戰役。

【人生課題】

面對誘惑的當下，我們做出什麼樣的選擇，決定了自己是什麼樣的人。

【我的建議】

人生路上，感謝每個陪伴自己的人。

不要傷害你愛的人，不要傷害愛你的人。今生有緣相會，且行且珍惜。

【他的選擇】

自從那次論命之後，我們就斷了聯繫，如果不是他來電邀約喝酒，下次見面不知要等到什麼時候了。

居酒屋的生意火熱，服務生忙著服務客人，邵先生也沒閒著，還沒點單就先要了兩瓶清酒，看來今晚是不醉不歸的節奏了。

「那件事怎麼樣了？」我看邵先生紅光滿面，印象中的黑眼圈也不復存在，猜測事情有好的發展。

「應該算是happy ending吧。」邵先生爲自己斟了一杯酒，娓娓道來事情的經過。

確實如我當初所說，隨著他和女業務的交情日深，隔年果然斷不了，但是到了第三年就斷了。原來她在那一年嫁人，有了新的生活重心，兩人慢慢就沒有聯絡了……

自古情關難過，我特別好奇他怎麼過關，「美色當前，那時你怎麼管住心猿意馬，控制自己不暴走？」

「呃，心猿意馬是佛祖在管的，我一介凡人管不住啦。每當我想更進一步時，我就記住你說的，不要傷害任何人，想著想著那一步就邁不出去了……總之，謝謝。」

「不用謝我，你要感謝你的善良。」我斟了一杯酒，繼續問了，「現在還會想她嗎？」

「說也奇怪，當我收到她結婚的消息，魂不守舍的情況就改善很多。可是有時候開車聽著電台廣播，或者路過街角的咖啡館，不經意還是會想起……」邵先生閉上眼睛，額上抬頭紋糾結交錯，彷彿嘴裡的酒也變苦了。

此情無計可消除，才下眉頭，又上心頭。見他惆悵，我舉杯邀酒，「遺憾嗎？」

「更多的是慶幸，好險她嫁人了。」兩人碰杯，空中一聲清響。

「好險……」說著說著我背頸一涼，彷彿感同身受，心底升起一股劫後餘生的後怕。

好險心愛的嫁別人，好險好險。

第六張命盤：美德的陷阱

問題只有一個

鄭小姐不停地調整坐姿，彷彿座位和她八字不合，怎麼坐也不舒適。不帶笑意的臉龐搭配灰藍的衣著，自然呈現出陰暗的冷色調畫風。

「我的問題很多，要一次全說嗎？還是先說一個？」她問。

「全部說出來吧。」

我在桌上備好紙筆，隨時可以速記。接下來，鄭小姐滔滔不絕，連珠炮般道出困擾已久的問題。

「爲了公司的專案，我經常犧牲平日的休息時間，無償加班到晚上十一、二點。可是公司沒有給予相對應的權位和獎金，這讓我做得手很軟、心更是涼，實在很想換新工作……我的工作運是不是很差？」

「週末除了上教會做禮拜之外，我剩下的時間幾乎都給了婆婆。陪她遊山玩水、陪她去參加聚會，但是婆婆還是不滿意，背地說我的壞話……我的長輩緣是不是很糟？」

「我把朋友圈全斷了，只爲了好好照顧這個家。可是老公一有空就去釣魚，有時間也不陪我，不做家事就算了，竟然掛號包裹也不幫忙領，我有老公跟沒老公一樣……我的感情運是不是很差？」

「孩子也是。不管是電腦、衣服還是補品，我都買最貴最好的東西給他，自己連喜歡的衣服也沒買，喜歡的繪畫也沒學，把錢都省下來給他，我的心裡眞的全是他了，可是孩子好像不這麼想。一回家就關在房間打遊戲，一出門就找朋友玩，心裡連一點位置也不給我，以後他會孝順我嗎？……我的子女運是不是很差？」

「抱歉，我的問題太多了……」

聽完她的講述，我搜索著命盤，幾顆星星倏地抓住目光。

命宮有巨門坐守，福德宮正坐天梁，遷移宮是落陷的太陽。

天梁爲蔭星，本性善良樂於助人。巨門爲暗曜，性格多疑，有事放心底未必願意說。因此很容易演變成一方面付出，一方面又希望他人可以理解自己的彆扭性格。

如果此時太陽廟旺，便能照亮巨門心中的黑暗，也能緩解天梁的孤剋，命主的個性轉趨開朗。可惜此盤的太陽落陷無光，巨門依然得不到理解，內心的天梁依然孤獨。此外，天梁不見吉星，只有鈴星陪伴，也爲助人的善心平添幾許怨尤。

彷彿感受到那股不被理解的幽暗，我放下手中的原子筆，「其實你的問題只有一個——我爲大家犧牲了這麼多，爲何沒人愛我？」

鄭小姐面沉如水，氣氛一下子安靜了。

名爲美德的陷阱

「我說錯了？」見她反應很大，我忍不住探問。

「說對了。」

得到她肯定的回覆，我便從核心切入，「我發現你有一個信念，導致你感受不到幸福。」

「什麼信念？」

「爲了工作和婆婆，你犧牲了時間；爲了丈夫，你犧牲了人際圈；爲了孩子，你犧牲了興趣……你有一個根植在內心深處的犧牲信念。」

「難道犧牲不能帶來幸福？」

「犧牲能爲別人帶來幸福，但是犧牲者本人未必可以。或許可以這麼說，靠著剝奪自己換來的東西，能夠稱之爲幸福嗎？」

鄭小姐眼神閃爍，似乎是動搖了，「奇怪，犧牲不是利他的美德嗎？既然是美德，爲何得不到幸福？」

「有時犧牲是美德，有時是名爲美德的陷阱，而且是自己心甘情願跳進去。」我掃視著命盤，福德宮的天梁異常醒目，「如果犧牲是出於無私的愛，那麼有可能從中得到幸福感，因為犧牲者感受到自己為他人做出了貢獻。但是如果因此失去了太多，例如身心健康、工作、財富或興趣等，便可能因為過度犧牲而失去自己的幸福，甚至帶來災難。」

「犧牲得不到幸福就算了，為何還會帶來災難？」

「因為吸引力法則。」我解釋道：「大宇宙跟你無冤無仇，而且很愛你，願意為你成就任何願望，無論是好的或壞的。於是，當你想著我幸福、大家幸福，宇宙就讓你幸福；當你想著我犧牲、大家幸福，宇宙也會如你所願，真的就讓你犧牲了。」

「……」

鄭小姐愣在當場，兀自在風中凌亂。好一會兒，她又問了，「耶穌為了世人犧牲自己，難道他的犧牲是錯誤嗎？」

「我沒信教，不知道教會怎麼解釋這件事，但是我想他老爸說不定會笑他，呵呵。」我情不自禁講到自己笑場。

「笑他什麼？」

「耶和華肯定會笑他說，你想一個裝逼的腳本，好好當個耶傲天，一路裝逼到萬民來服不美嗎？偏偏編了一個犧牲的腳本，沒事被釘在十字架上，這個叫什麼來著……好好鱉刣甲屎那流。」

「……」

鄭小姐聽得目瞪口呆，似乎又錯亂了。半晌，她終於開口，「你怎麼知道耶和華笑過耶穌？」

「正常的父母不會要孩子犧牲。如果是你，希望孩子去犧牲嗎？」

「不會。我要他平平安安，快快樂樂就好。」

「你也是天父的孩子，所以天父只要你平安快樂，不要你犧牲。所以啦，吸引力法則就擺在那裡，快扔掉自己編的犧牲腳本，重新想一個幸福腳本，宇宙很樂意來成就你。」

「我有一種豁然開朗的感覺，雖然你講得很奇怪。」

「賀開悟！現在回歸論命……」

對於鄭小姐最初的幾個問題，我一一做出總結。其實只要調整對應的心態，運勢倒是沒有什麼太大的問題。

關於工作：原工作不錯，不建議換工作，唯一要改變的是工作心態。別做到考績第一，不透支精力做到六十分即可，做到身心能夠平衡的程度就是最佳解。

關於婆婆：這一題不用看盤！野生動物不是拿來馴服的，快放生！

關於老公和孩子：他們過他們的，你過你的，你們可以各自精彩。眞正的幸福是各自安康，不必犧牲誰來成全。

人生不必活成《西遊記》，兜兜轉轉湊八十一難才能上西天。如果你願意，給自己想一個不必犧牲也能幸福的人生腳本，當下一念清明，輕舟已過萬重山。

【人生課題】

犧牲不是美德，也可能是自我束縛的陷阱。

【我的建議】

幸福俯拾即是，不必犧牲去換取。

【她的選擇】

這事不知過了多久，某日我瀏覽臉書，不經意發現鄭小姐貼出一張照片。木質桌面上擺滿畫筆、顏料、橡皮擦、調色盤、畫板等美術用具，原來她報名了成人水彩班。

底下有人留言起鬨，說是沒圖沒眞相，要她分享自己的作品。鄭小姐回覆剛學不久畫很醜，等到功力提升了，屆時再上傳漂亮的得意作。

我不知道她會畫什麼，可能是午后的咖啡館、或者枝葉扶疏的庭院，說不定畫面還會灑滿亮澄澄的暖色調陽光。

第七張命盤：不完美的他

我與趙小姐結緣於二〇二一年的某天，時間是晚上十一點。

之所以印象深刻，那是因爲通常這個時候，我已經做完最後一個客人，準備好好休息了。但是一通電話打破空氣中的寧靜，來電的正是趙小姐。

她說要預約遠端論命，越快越好。

我表示現在是休息時間，最快後天有一個空檔，可以幫她預約保留那個時段。她猶豫了十秒鐘，直言是男朋友催婚，她必須盡快做出決定，應該是等不到後天了。若是方便，她希望現在就能論命。

「那就江湖救急，現在論命吧。」

「謝謝。抱歉，打壞老師的作息了。」她不好意思地說，語氣滿懷歉意。

「沒關係，作息就是用來打壞的。」

永遠的第五任

遠端論命的頁面一打開，趙小姐就透過視訊，簡單說明了狀況。

她與男友穩定交往了數年，兩人十分合拍。

由於男友是家中獨子，父母異常關注他的婚姻大事，少不了有催婚的壓力。原本趙小姐一直推遲，拖了一年又一年，眼下是真的拖不下去了，必須給個交代，這才有了今日之約。

粗略了解趙小姐的狀況之後，我開始定盤。

天同化忌在卯守命，對宮太陰化科來拱，還有紅鸞、天喜、咸池、沐浴等桃花星相來會，稱得上是命帶桃花。此盤的特點是桃花太重，所以不乏對象，也就不乏感情煩惱。

「這個命盤的特色是桃花豐富，目前你累績的戰績應該有……二位數？」我問。

「呵呵，我自首。」趙小姐連連稱是，笑得花枝亂顫。她自承感情幾乎沒有空窗期，可以說是不甘寂寞，患了一種不戀愛就會死的病，「每次新男友問自己是第幾任，我怕男友吃醋，一律回答是第五任。」

「爲什麼不說是第三任或第四任，而是第五任，其中有何典故？」

「以前說第三任或第四任，都曾經被男友抓包。後來發現宣稱第五任的破綻較少，沒再被戳破，於是一直沿用至今。」

趙小姐長相俏麗，情史也豐富。無論是外貌或氣質，這張命盤確實符合她給我的印象。

「這就是你的盤了。」我拍板定案。

不完美的他

「先問一件事，我的感情是不是有問題……」趙小姐欲言又止。

客人可以問得很模糊，但是命理師不行，必須回得很清楚。論感情問題，往往先參看夫妻宮，因爲從本人的擇偶取向，有時能從中看出一些結構性的問題。

天梁坐守夫妻宮，得天魁天鉞雙星來會。天梁主貴，魁鉞也是貴星，命主偏好形象貴氣的對象，氣質太土就入不了法眼。所以魁鉞不是什麼大問題，有問題的是來沖的六顆煞星。

天梁爲蔭星，盤勢佳則對方照顧我，盤勢差則對方索求照顧。此盤天梁收齊六煞而劣化，意味著趙小姐在擇偶上不求對方照顧自己，相反地會選擇能讓自己照顧的對象，頗有幾分自討苦吃的調調。

我依照命盤上的星相，一步步確認問題的所在，「在回答這個問題之前，我先跟你確定一件事……每次面臨複數追求者，你總是捨棄有錢的，選擇比較沒錢的那位？」

「是！每次都是。」

「而且總是捨棄他能夠照顧你的，選擇需要你照顧的那位？」

「呃，對，我是不是有病……」趙小姐喃喃低語，隨後道出過往的歷史。

趙小姐的追求者眾，其中不乏有花美男、富二代或企業主的追求。他們體貼多金，帶出來也極有面子，往往讓姐妹淘羨慕不已，然而每當面臨抉擇時刻，趙小姐總是選擇另一位條件不那麼出眾的對象。對方要錢沒錢、要顏値沒顏値，有的會動手打人、有的甚至還很花心……

捨好就壞的輪迴一再上演，閨蜜們問她究竟看上對方哪一點，她自己也說不出個所以然來，謎一般的操作令人費解。面對這位學不乖的姐妹，閨蜜們評價她有被虐狂的傾向，純粹是跟自己過不去，不是腦子進水就是鬼遮眼，看男人的眼光實在堪憂。

「命盤看得出爲什麼會這樣嗎？」

夫妻宮可看感情狀況，福德宮則是觀察命主在感情中的覺受。坐守福德宮的太陽化祿主開朗，可惜同坐的地空、地劫沖破化祿，爲這份開朗增添幾分陰影。另外，擎羊、鈴星等煞星來沖，既造成太陽的負擔，也表示在感情中不時感到焦慮。

廟旺的太陽更主自尊，但是在祿逢沖破和四煞來犯之下，很容易自尊轉自卑，刻意壓低自己在感情中的分量。

至於命主爲何會有這種覺受？是被某段過往的經歷所影響、或者受到某種信念所限制……我實在無法鐵口，這事還眞不好說。

我搖搖頭，老實回覆說了，「命盤只能看出你有這樣的擇偶傾向，卻無法準確知道你的動機。如果眞的要找出根植在背後的信念，就要找心理醫師了，那是他們的守備範圍。不過，你可能知道答案。」

「我不確定自己知不知道。」

「其實你知道，你只是在追尋一個不完美的他。」我說。

「這是我聽過，最貼近我感情的一句話了。」沉默良久，趙小姐終於鬆口了，「我總感覺自己不夠好，不値得最好的人。因此面對條件越好的人，我就越沒安全感，彷彿對方隨時會離我而去。雖然聽起來很奇怪，但或許就像你說的，我的感情路一路走來，就是在追尋那個不完美的他……」

這就是趙小姐不想結婚的原因。

論及婚姻對象，她很清楚要找條件最好的人，偏偏在感情對象的選擇上又背道而馳。當婚姻對象和感情對象沒有交集，兩者成了空集合，這就造成她對婚姻終日惶惶，避之唯恐不及。

專屬愛情獨一無二

愛情是兩個人的事。論完趙小姐，再來就是男友的部分了。

我打開她男友的命盤，先簡單瀏覽盤勢。

命宮有文昌化忌坐守，三方四正不見文曲。文昌主理性，化忌為偏執，加上缺乏文曲的感性，易有過度偏執理性的傾向。此外，盤勢多見七殺、左輔等刑星組合，又會加重命主認死理的性格。

簡單言之，就是那種會對照網路的戀愛攻略，然後給女朋友回訊「暖她一整天」的鋼鐵直男。

「他是不是腦袋一條筋，處理不來彎彎曲曲的人情世故？」

「這就是他！」趙小姐似乎有感而發，開始說起和男友的緣起，「我在上一段感情傷得很重，什麼事也幹不了，終日以淚洗面。如果不是他耐心陪伴，我說不定走不出來，就這樣成了一個廢人……」

「這也是你在一眾追求者中，最後選擇他的原因。」

「就是這樣。」她點點頭。雖沒多說，我們彼此心領神會。

「那麼——恭喜了，我覺得這個……第五任很好。他或許不完美，但可能是最好的人，你倆很匹配。」

「啊，怎麼說？」她驚呼一聲，大眼睛透出熾熱的光亮。

「先問一題，你是不是很照顧他？」

「自己的男人，當然要好好照顧……」

根據趙小姐的說法，第五任的穿衣品味很不妙，怎麼穿都像是賣保險的推銷員。直到兩人交往，她開始帶他去置辦衣物，穿搭都由她一手包辦，推銷員自此變身爲雜誌封面的個性型男。趙小姐還特別秀了交往前和交往後的男友照片，我看得嘆爲觀止，果然城鄉差距極大，儼然是兩種生物。

第五任太善良，不是被朋友情緒勒索，就是被道德綁架，常常做到流汗又被嫌到流涎。趙小姐會教他怎麼拒絕別人，應對的台詞也事先演練，讓他能夠不失分寸地保護自己，懂得善良也要有一點鋒芒。

第五任的腦袋硬邦邦，對於公司不合理的任務頗有微詞，與上司鬧得水火不容。趙小姐則會幫他腦袋開竅，點出職場上的眉眉角角，開導他工作做得好不如做得巧。說也奇妙，幾年下來，男友一路升職加薪，越來越得上司的器重……

「這就是了。」我點出事情的徵結，「就如同他帶領你走出情傷，重新面對新的生活，你也引領他脫胎換骨，成爲一個更好的人。所以囉，每一個來到生命的人，都是爲了讓自己成爲更好的存在。在當下，你們就是彼此最好的人。」

隔著螢幕，我看見趙小姐的鼻尖泛紅，眼中升起一層霧氣。

「世上沒有兩枚一模一樣的指紋，愛情也是。」望著趙小姐哽咽的模樣，我的心也有所觸動，「金子的等級，端看成分有多少含金量；愛情的好壞，在於兩人之間累積了什麼。你們經歷了相濡以沫、相知相惜，這段歲月的積累專屬於你們二人，沒有其他人可以代替，那是專屬於你們的愛情記憶。」

大概是融化了心裡的冰結，趙小姐的臉龐滾落兩行眼淚。

「你覺得自己不夠好，不值得最好的人，我卻不這麼想。每個人都是上帝的子女，當然都値得最好的。就如同你以爲找到一個不完美的他，其實正是最好的他。」

「老師，謝謝你，我知道該怎麼做了，我明天就去跟他 say yes。」等到她擦完幾張面紙，終於開口了，「不過你的套路好深，話繞來繞去就把我講哭了。」

「唔，你的套路才深，不會想要我包禮金，把今天的論資又折回去吧？我先聲明喔，結婚別寄喜帖過來，我不幹賠本買賣。」

趙小姐臉上的表情很豐富，不知是又哭又笑，還是哭笑不得。總之我能確定，她眼角掛著幸福的眼淚。

【人生課題】

眾生平等，沒有什麼值不值，每個人都值得最好的。

【我的建議】

大腦會說服我們做最佳選擇，但有時候也要記得相信直覺。只要誠心經營感情，每個進到心裡的人，都是最好的。

【她的選擇】

隔天，趙小姐傳訊給我，已經答應結婚了。

她說自己想清楚了，自己並不是接受一個不完美的他，而是一個最好的他，也接納一個更好的自己。

太好了！她沒有發喜帖的意思。順利省下一個紅包，可喜可賀，可喜可賀。

第八張命盤：鐵公雞

山窮水盡疑無路

與他的相遇是去年的事。

預約論命的時段即將到來，我在桌前備好一杯熱咖啡，等待客人上線。由於新冠疫情的緣故，這回採用遠端視訊的方式論命。

客人就稱之為阿華，曾經在網上詢問過價格，然後沒了下文。就當我以為他只是單純來問價，不會再有更多接觸的時候，沒想到彼此的緣分未斷。一個月後，他來找我論命，於是有了此次之約。

「我先說喔。如果算不準，我就不付錢了。」阿華一上線，第一句話就把我驚呆了。依照這個謳客邏輯，覺得餐廳的菜不好吃，客人可以不付錢；徵信社沒抓到猴，敢情還得做白工？

「既然來了，我也希望有機會幫到你。如果你經濟真的有困難，潤金就打折吧。」

「打幾折？」他問。

「你方便付款是幾折，那就幾折。」

「就這麼辦吧，我要問財運。我的生辰是……」

當我排完命盤，立馬開始了定盤。一眼望去資訊很多，其中又以福德宮的祿存獨坐最醒目。

祿存，顧名思義就是把錢存起來的意思。如今福德宮長成祿存的形狀，意味著命主一心想著要存錢。

「你是不是很重視錢，一個錢要打二十四個結。」

「對！老師，你很會說話喔，我朋友都叫我小氣鬼。」

根據阿華的回饋，他確實爲了省錢，把自己活成了生活智慧王。

舉凡衛生紙、牙膏、刮鬍刀等家庭用品，他的消費不會臨時起意，都會事先買好促銷品囤在家裡。他也從來不買洗髮精，一顆肥皂就能洗頭洗身體，用剩的小肥皂會收集起來放入紗袋，繼續發揮殘餘價值。新衣服也好幾年沒買了，襪子和內褲破洞還在穿……

聽完他的回饋，我不禁倒抽一口涼氣。明明在大都市居住，卻能活出荒野求生的感覺，怎麼說也稱得上是一種才能吧？

「你怎麼沒想到自己剪頭髮？一個月省一百元，一年就能省一千二耶。」我打趣地問。

「我試過，但是自己剪得太醜，所以忍痛放棄了。好險是借朋友的剪刀來試，如果腦衝先買了理髮刀具組，那就眞的虧大了。」阿華認眞的模樣，倒是顯得我天眞了。身爲鐵公雞本雞，他怎麼可能放過理頭髮的費用？

「這就是你的盤了。」望著眼前的命盤，我不禁訝然失笑。與其說阿華是挑剔的逼客，倒不如說鐵公雞才是他的本體。

大學一畢業，阿華就以接文字工作案維生，主要案源來自於幾間固定合作的公司，偶爾也接一些同業朋友介紹的案子。雖然收入起起伏伏，每個月的收入介於三到五萬元之間，但是年年小幅增長的存款數字帶來安全感，這也是他之所以能夠不上班、連續做了好幾年SOHO族的主因。

然而，他隱約感覺到這兩年的時空環境改變了，收入也大不如前。

首先是幾間固定合作的公司，不但案子越來越少，有的甚至斷了案源，對他的收入直接帶來打擊。以往同業朋友每年都會介紹幾件案子，這兩年卻是音訊全無，看來也是沒指望了。如今阿華入不敷出，已經到了吃老本的田地，銀行存款一直在減少，窘迫的日子似乎還看不到頭。

爲了開闢新的案源，阿華找了一些單位談合作，無奈他們都有固定的合作對象，阿華完全找不到切入口。就這樣，新案源開發不果，舊案源日益枯竭，阿華剩下的存款只夠付三個月房租，心中的徬徨可想而知。

「我會不會餓死？如果眞的沒案子，我回南部和父母一起住，這條路可行嗎……」問題如連珠炮襲來，即使隔著筆電螢幕，我也能感受到阿華的徬徨。

讓錢喜歡你

問題接連而來，我快速給阿華做了運勢健檢。

命宮主性格，觀察命宮星相就能知道性格的組合成分。沒有吉星來拱，缺乏穩定的力量，三方來會的地空、地劫帶來性格中的波動因子，所以命主坐不住辦公室，內裡是一個漂泊的靈魂。看到這裡，我便明白爲何他畢業後不當上班族，而是一心擠身SOHO族的行列。

此限吉星和祿星不在我宮，全在他宮，典型的因人成事之相，與其靠自己努力，不如靠別人牽成。特別是大限兄友線疊祿重重，求財尤重經營人際關係，可是本命兄友線是與人寡和的星相，明顯此限財路和本性相背，就算告訴阿華該這麼做，他在執行的過程也會內心卡卡的，執行效果如何得打個問號。

問求財：古人說出外靠兄弟是有道理的，就是在說你，千萬不要相信自己！好好經營人脈，自有機會挖金。

問南遷：對比運限的命遷線，留在北部較好。

問父母：運限父母宮忌星密集，是非太多，相處常生口角，保持距離以策安全。

瀏覽完命盤，我心底也有了譜，「餓死倒是不會，至於回南部嘛……可以的話，你還是設法留在北部吧，照你的盤局，回南部可能會和爸媽吵翻。」

「我想也是。我就是和爸媽處不好，所以才北上打拚……還以爲說不定有可能不吵，結果是我想多了。」

「除非眞的山窮水盡，我建議不要羊入虎口。」家家有本難唸的經，我沒有過問阿華的家事，繼續說道：「你先找個打工度時機，再等兩年，你的財運就會開了，屆時接案會比較順利。」

「爲何找打工，而不是找正職？」阿華不解地問。

「你自由自在慣了，上班族只怕也是做不久。」

「哈哈，我就是不服管，這才當的SOHO族。」

「而且工作運也不好，要找個好工作也不容易。」

阿華嘆了口氣，近期一連串的挫折也脫口而出，「我找了半年工作，一直沒人要用我，原來運到谷底了。好吧，我會試著打工，不過在那之前，有沒有辦法讓我的案子多一點？」

「你的財星都在人際的宮位，與其靠自己找錢，不如請朋友幫忙。可是，你的性格不愛應酬，別說是經營人際了，恐怕就連朋友也不超過十個……嗯，有十個嗎？」

「我沒朋友，去醫院開刀也是自己一個人，沒有人陪。」阿華說得豁達，倒是看得很開，「而且，朋友和錢的八字相沖。只要一出門，喝個咖啡、唱KTV或者去餐廳吃飯，樣樣都要花錢，所以我幾乎不應酬，錢比朋友要可愛多了。」

聽到這裡，我偷偷看了一下阿華的星座。喔，是金牛座，阿華不但是鐵公雞本雞，也是金牛本牛。

「現在沒有財運，那就只能試試人工造局了。錢不來找你，你就設法讓錢來找你。」我說。

「怎麼做？」阿華雙眼一亮，

命盤上的祿星多集中在流年兄友線，想在今年賺到錢，人際關係是一道繞不過的檻，「我知道你喜歡錢，但是錢不一定喜歡你。從現在開始，你要讓錢開始喜歡你，喜歡到自動上門來找你……」

在後續的問答之間，我向阿華說起金錢運作的原理。

錢的本質是流通，不喜歡被束縛在某個地方直到生銹，所以對待錢得像對待妹子一樣，愛她就不該束縛她，要給她海闊天空的自由。像阿華這般，拿到錢就堅持不放手，活脫脫就是個控制慾過剩的恐怖情人。

「我是……恐怖情人？」阿華指著自己。

我點點頭，繼續未完的說明。

對待錢像對待妹子，更像對待鴿子，一直把鴿子關在鴿舍，鴿子肯定會得憂鬱症。自由，那是我們所能給予最好的愛。當你願意放鴿子出籠飛翔，屆時請帶著感恩的心情放鴿子走，不回來的鴿子感謝牠們陪伴過你，而願意回來的鴿子就是眞愛。

「反正，就是錢不能死存，也要帶著感恩的心情花錢，是嗎？」阿華問。

「對的！當事鴿子或路過的鴿子，如果發現有個很讚的鴿舍，不但主人喜歡鴿子，還能自由放風，鴿子們就會吃好道相報，自然會有越來越多鴿子過來住你這裡。」

「錢已經不夠了，不好好存還想著花，這不是等著喝西北風嗎？」阿華不禁憂心忡忡。

「這樣又回到不放鴿子飛，鴿子就得憂鬱症，主人也不會開心的原點了。」我說。

「那……錢花在誰身上？」阿華又問。

「只要帶著善意，可以花在任何人的身上。」

下線之前，阿華表示理解我的意思，但可能很難做到，因爲存款所剩不多，其實沒什麼操作的空間。我說隨緣就好，並且祝福他接到更多案子，順利待在台北發展。

【人生課題】

錢喜歡會流通錢的人。

【我的建議】

花錢的當下，不要苦大仇深。

請以感恩之心流通錢，快樂把錢送走。

【他的選擇】

論命結束的十分鐘後，我收到阿華的匯款兩百元……不愧是阿華，潤金豈止是打折，簡直是打到骨折。

隨著時光流逝、歲月靜好，阿華慢慢淡出我的記憶，直到今年他再次預約論命，我才又憶起這位奇妙的回頭客。

阿華說先匯錢給我，我看數目對不上，連忙開口確認，「金額不對，你匯太多了。」

「這金額沒錯，包含上次未付清的潤金。」

阿華說得大方，一掃過往銖錙必較的小氣。感受到他的改變，我問了他的近況，赫然發現眞實的人生比小說更小說。

去年，阿華死死守著台北，圖謀能僥倖等到幾個案子上門，萬一不幸斷炊再滾回南部老家。至於快樂花錢什麼的，想都別想，生吃都不夠了還晒乾，而且錢走了多肉疼啊。

就這樣又撐一個月，依然沒有案子上門，心灰意冷的他決定回南部。此次一別，或許再也沒有機會回台北了……抱著這樣悲壯的心思，他決定請幾個以前合作過的發案人吃飯，感謝他們曾經的幫助，順便紀念這段在台北打拚的時光。於是，奇蹟就這麼發生了。

說也奇怪，聽到他的近況，有人介紹新發包窗口給他，也有人直接給他新的案子。幾頓飯下來，排版、美編、文字案等大小案子蜂擁而來，幸福來得如此突然，就連他自己也不敢相信。

之後，他想起錢喜歡流通錢的人，所以他爲了讓錢流通，一賺到錢又請新的客戶吃飯。隨著交情的變好，有些案主還成了他的超級業務員，不但發包案子給他，還會幫忙介紹新窗口。如此反覆，他的客源快速擴張，如今案子塞滿三個月的檔期，存款數字也慢慢增加了。

阿華說，現在他體會到錢是能量、善意也是能量，我們對人的每一分善意，最終都會回到自己身上，並且帶來更大的豐盛。

「我是不是財運變好了？」阿華問。

「不，財運還沒來。」我再三確認命盤，財運確實未開，不過以他的個性居然願意和廠商交際應酬，這一點倒是大出我的意料。

「那……爲何我今年接到很多案子？」

「大概是錢開始喜歡你了。」我想，這是唯一的理由了。

命運很難改變，個性也是。如果連個性都改變了，改變命運似乎也就不那麼難了。

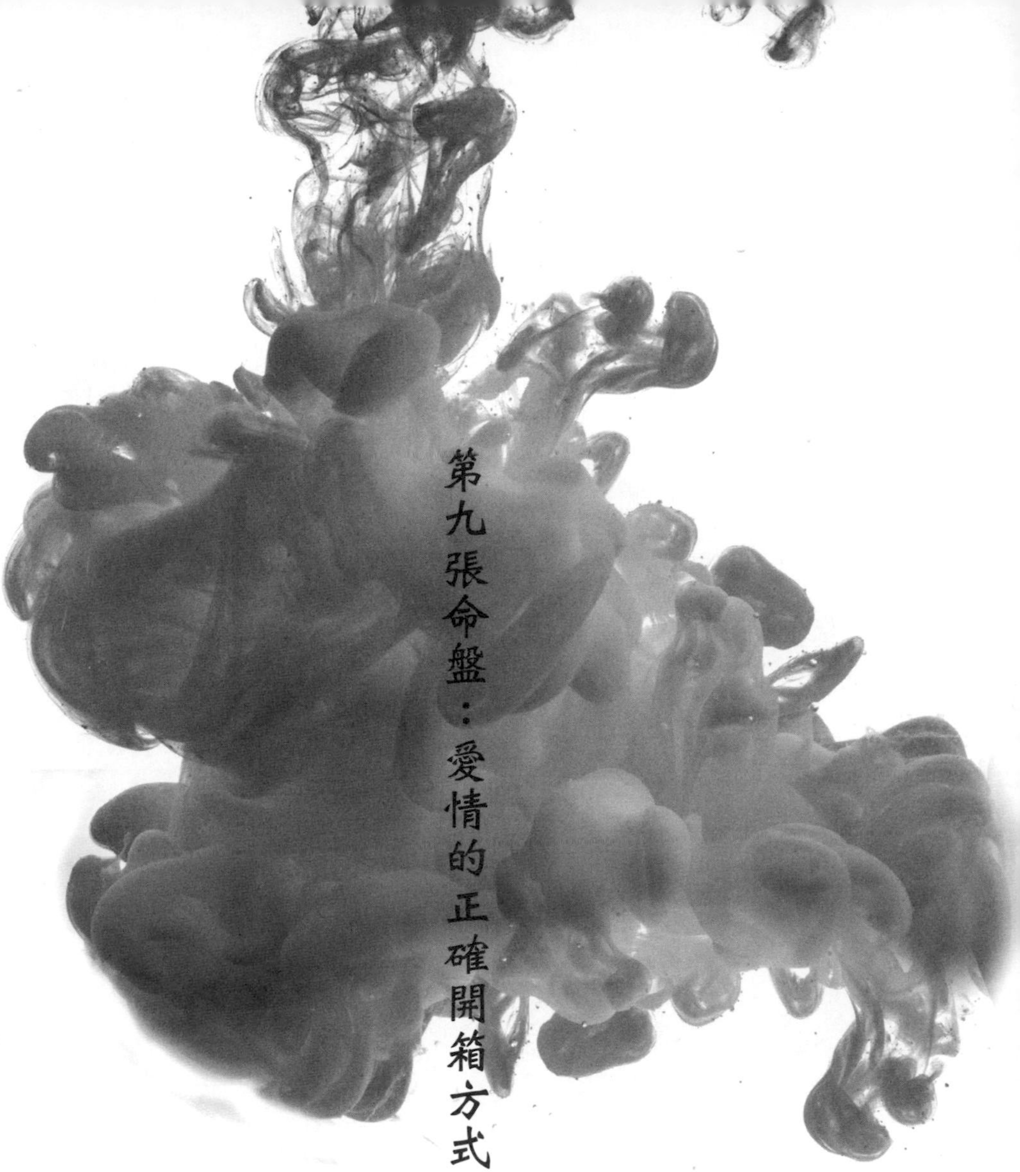

第九張命盤：愛情的正確開箱方式

騙財不騙色

透過朋友的介紹，范先生和我預約了遠端論命時段。經過簡短的定盤之後，他隔著螢幕直奔主題。

一開頭，范先生坦白自己的性向，擔心同性戀的感情不容易算準。我表示曾有多次實證推算，確定同性戀也在紫微斗數的守備範圍之內，他這才放下擔憂，娓娓道來坎坷的情路。

由於性向的緣故，范先生要找尋感情對象並不容易，多是從網路交友尋找。然而期待很美麗、現實很古怪，每次尋尋覓覓，遇到的都是一些奇形怪狀。

網上的兩人相談甚歡、聊得正開心的時候，對方忽然變身業務員，賣力推銷一些莫名奇妙的直銷產品。

對方在國外出差，信用卡竟然出了狀況，不得已之下，私訊請求范先生匯款江湖救急。

也曾有過網戀一段時間後，對方故弄玄虛要透露內線消息，說是穩賺不賠的投資機會，因爲是你才肯悄悄透露……

坎坷，眞的很坎坷！我一路聽下來，搞不清楚自己聽的是范先生情史，還是網路詐騙的演化史。

「如果人財兩失也就罷了，至少痛且快樂過，偏偏只有失財！」范先生說得咬牙切齒，隔著螢幕我都能感受到那股悲憤。

時光荏苒，一眨眼他的母胎單身資歷已臻四十年，早就從單身魔法師轉職爲大魔導士。眼看再繼續下去，就是妥妥晉級爲賢者的節奏。年華老去，良人卻連個影都沒有，不禁令他心急如焚。

「我的愛情運眞的很糟糕嗎？」范先生表示，如果眞的沒有戀愛的命，他就會擱下那顆經常暴走的少女心，不再做無謂的愛情夢了。

我打量著這張命盤，立馬對范先生長久以來的處境豁然開朗，「你的感情沒有問題。」

「咦？既然如此，爲什麼我找不到另一半？」

其實范先生的感情並不差，眞正導致單身超過四十年的兇手另有其人。

眞相只有一個！我以金田一他阿公的名義發誓，兇手是——

正確的開箱方式

「因爲愛情的開箱方式不對。」我說，然後解釋了搞曖昧和談感情的差異。

從紫微斗數的角度看交往，子女宮是曖昧對象，夫妻宮指感情對象。

在自由戀愛的現代，一般人往往是先有曖昧再談感情（關係從子女宮轉變到夫妻宮），可是再美味的曖昧期也不是感情保證，因爲曖昧和感情是兩碼子事。

有人適合搞曖昧。舉手投足盡是粉紅泡泡，瓜田李下變花前月下，晚上見叫作今夜三更柳樹前。

有人適合談感情。執子之手就是要與子偕老，大家不來虛的來眞的。

有人適合搞曖昧不談感情。一論及婚嫁不是流浪到淡水、就是去找尋旅行的意義，吃瓜觀眾說是騙炮，他們則說不在乎天長地久，只在乎曾經擁有。

有人適合談感情不搞曖昧。我要我們在一起，是吵是和都要在床上，柴米油鹽醬醋茶也能嚐出人生的醍醐味。

「我是哪一種？」范先生好奇地指著自己。

「最後一種。但是找不到床……呃，我是指找不到感情對象，因爲在搞曖昧的第一階段就夭折了。」我揭開范先生坎坷情路的神祕面紗。

其實范先生糟糕的不是感情期，而是曖昧期。

夫妻宮有天機坐守，對宮天梁來拱，主星構成以精神星系爲主，意味著范先生比起柴米油鹽醬醋茶的物質話題，更希望能和另一半有心靈的交流。同時夫妻宮收齊左輔、右弼，感情對象也能給予實質的幫助，又有雙祿交流提升物質和情感的豐富，這個夫妻宮應該會讓不少人欣羨。

夫妻宮盤勢佳美，子女宮則是大異其趣，不但嚴重長歪，而且畫風過於黑暗了。子女宮有破軍坐守，對宮有廉貞化忌和羊陀來會。廉貞主精神，化忌暗示曖昧期易產生感情創傷；廉貞也主禮制，化忌也主曖昧過程或有禮制崩壞的情事，不是遇到違法亂紀，就是遇到不講武德的奇行種，結合劣化的破軍，也主對象或有無情的背叛。

我建議范先生不走先曖昧再談感情的自由戀愛，改走古人那種跳過曖昧直接談感情的相親路線，應該會更適合他。因此走婚友社、聯誼會等方式交友，盡可能縮短曖昧期，在最短的時間內確立關係，如此得來的感情反而能夠長久。

「你說的我懂，可是——我真的不能自由戀愛嗎？相親很老派耶……」范先生皺起眉頭，顯然是心有不甘

「老派的愛情適合你。」我說。

又經過幾個回合的討論，范先生鬆開緊斂的眉頭，終於相信自由戀愛有毒，願意接受另一種愛情的開箱方式。接著，爲了讓他能與另一半在對的時間相遇，我爲范先生挑選一個適合主動出擊的流年，戀愛攻略也就告一段落了。

「還要等一年，好久喔。」范先生蠢蠢欲動，似乎迫不及待了。

「你啊，好好珍惜單身的日子，不然——以後就沒有了。」我在心底祝福范先生順利擺脫單身，早日散發戀愛的酸臭味，「對了，記得談感情要長個心眼，千萬別碰錢。對方一提到錢，你就先溜再說。」

「爲何？」對於我的提醒，范先生一頭霧水。

我耐著性子，解說那顆命盤上潛藏的地雷。

財帛宮有太陽坐守，三方四正有地空、地劫和祿存來會，形成「祿逢沖破」的格局，對錢財有巨大的破壞力。太陽主施財不主聚財，結合祿逢沖破的星相，范先生如果不是樂善好施的善心人士，就是被詐騙的高危險群……

范先生拿出小本本，記錄方才聽到的重點，寫下戀愛攻略的最後一頁。

【人生課題】

最美好的愛情，未必是美麗的，但肯定是適合自己的那種。

【我的建議】

范師父，不要跟他曖昧，試著直接相親。

【他的選擇】

事情過了一個多月，范先生表示在網路上邂逅一位新網友。目前兩人正處於曖昧期，於是他請我幫忙把關，看看彼此能不能激起什麼火花。

我有點驚訝，范先生翻頁的速度快得讓人措手不及，「唔，說好的明年才戀愛？說好的不搞曖昧呢？」

「我有一個感覺，他和以往的對象不一樣。」范先生說得煞有其事，雖然我從命盤看並沒有兩樣就是了。

「想要修行，今年這個可以交往；想要幸福，明年那位可以期待。」

「不修了，不修了，再修下去都要成賢者了！」螢幕裡的范先生嚇得連連搖手，不敢再玩曖昧遊戲了。

第十張命盤：貓型人格

醫師叫我養寵物

林先生穿著灰色的連身帽T，眼角低垂不太精神，外觀約莫二十幾歲，給我的第一印象是大學生，或者是初入社會的年輕人。

「醫師說我有抑鬱症，養個寵物可以改善狀況。我想問，我適不適合養寵物？」

隨著時代發展，社會型態越趨複雜，各式各樣的壓力源隨之而來，現代人罹患心理疾病的比例節節升高。在我的論命經驗裡，雖然客人來問財官感情占了大宗，但是尋求解脫精神痛苦的客人也不在少數，通常我會從命理學的角度進行分析，提供客人更多的解決方案。

但是在這之前，我心中有疑惑不吐不快，「養寵物可以請醫師評估，怎麼會特別找命理師？」

「那時很煩，不想多說話，就沒當場問醫師了。後來聽到朋友說你論命很有趣，我就來了。」

合情合理，這邏輯沒毛病。

「我知道了。你想養什麼？」

「不想養狗，目前的規劃是貓。」

「為何不想養狗？」

「不想蹓狗，覺得很麻煩，而且一蹓狗就要外出，我不想跟人多作接觸。」林先生說。

傑出的一手！如果不是從林先生的口中聽到，我還不知道養貓養狗之間存在這麼多眉眉角角。

忽熱忽冷貓人格

據我所知，寵物能夠給予善意的支持、精準的理解與溫柔的陪伴，正好能夠舒緩抑鬱症患者的孤獨感。乍聽之下無比美好，前提是患者適合養寵物。

我打開林先生的命盤，不禁感到驚訝，星相和醫師的建議大相逕庭。評估養寵物的得失，首重子女宮的星相，既可了解命主對寵物的主觀心態，也能觀察彼此的客觀互動。

林先生的子女宮正坐武曲七殺與鈴星。

武曲是孤寡星，七殺是獨立星，這是典型的拒絕與寵物溝通。再加上鈴星帶來焦慮感，使得養寵物容易淪為形式化的公事，也會為此增加精神上的壓力。

大限子女宮則是借入廉貞貪狼，磁場至強至剛，正是六十星系裡最剛剋的主星組合，極不利於建立新的人際關係。十年之內，一不小心就會黑髮人送白髮貓，真要靠養貓治療自己，說不定還會加重病情？

「你覺得自己適合養寵物嗎？」我臉上不動聲色的探問。

「可以吧，我的收入養得起。」

「我不是指物質條件，而是你是否做好養寵物的心理準備？」

「我無法對自己好，但是可以對動物好，比自己好很多，我以前有一段時間會買罐頭餵流浪貓喔……」林先生語氣很虛，似乎不是很有自信。

「你的個性先熱後冷，我怕你養到一半棄養，到時會很麻煩。」我說。林先生坐命天機、巨門對拱。天機善變，巨門先熱後冷，使得林先生經常頭燒燒尾冷冷，行事冷熱不定。

「我好像就是如此，以前也曾養過鳥，養不到兩週就沒興趣送人了……」林先生誠實自首。

「就算你沒棄養，但是對貓不睬不理，到時換貓得到憂鬱症也尷尬了。」

「貓會得憂鬱症？」

「我聽過有人養貓卻太忙，整天埋首工作，不擼貓也不和貓說話，貓就把自己的尾巴咬禿了。」

「不想理貓……我好像也會幹一樣的事。」林先生揉著臉，自顧自說了起來，「我餵流浪貓沒事，可是貓一靠過來，我就開始厭煩。唉，撩了又不理，我是不是很討人厭，連我都討厭自己了。」

「回想一下，是不是不喜歡別人貼近你的身體？」

「嗯，朋友之間勾肩搭背好像很正常，我卻會沒來由感到不舒服。各自待在各自的空間不好嗎，爲什麼沒事要碰我，人類眞的好討厭……我這算不算是反社會或反人類傾向？」

「也不算是。與其說是反人類傾向，倒不如說你是貓型人格。」

「那是啥？」

「跟貓一樣的性格，凡事忽熱忽冷，幹啥都看老子的心情，興致一熱火急火燎，冷了就射後不理。也不喜歡親密感，我黏你可以，你黏我不行。」

「原來我是貓型人格，聽起來養貓很不妙？」

「應該不是合格的鏟屎官，誰鏟誰的屎眞說不準。」

「連個貓都養不好，我果然是個廢物。貓一定很討厭我，爲什麼我這麼討人……討貓厭……」

自己不養別人養

林先生的情緒低落，我連忙安慰他，「貓都還沒養呢，沒機會討厭你，你也別給牠機會。」

「不養貓，我養什麼，蠍子可以嗎？聽說蠍子新陳代謝很慢，一年餵一次就好了，也不需要怎麼清理，牠會自己活得好好的，不理也不會得抑鬱症……」

「停。」我打斷林先生的話，溫馨提醒他，「你看著一隻蠍子，能夠感受到蠍子支持與理解你嗎？」

林先生想像了一下畫面，果斷回道：「不能，蠍子太醜了，怎麼理解我。還是我該養電子貓，貓看起來就很療癒的樣子？」

「你玩過最長的手遊，玩了多久？」我又問。

「每個都不到兩個月，我玩遊戲很容易厭煩，很快就會刪除。」

「這樣刪game跟棄養有什麼不同？」

「沒有不同……」

「而且不能擼的貓，還能是貓嗎？」

「不如你告訴我，我可以養什麼。我在這個世界果然是多餘的吧，連電子寵物也養不好，我還能做什麼？」

面對林先生的命盤，我開始整理問題的思路。

林先生的問題在於巨大的孤獨感，雖然養寵物是好方法，偏偏不適合他。我一一分析命盤各處，試著另尋解決方案。

談戀愛……以愛情解除精神痛苦，不行！現階段的戀愛運很糟，到時不知誰誤了誰。

開拓財源……以豐盈的金錢支撐精神，不行！目前財運未開，況且林先生志不在此。

出外……靠著外地環境的氣場來扶持精神，可以！星相很美，還點綴幾顆桃花星，有戲！

運限的夫妻宮、財帛宮都不美麗，倒是流年的遷移宮可以一用。

「命盤顯示你若經常出外，轉換心情對精神健康有幫助。再結合你醫師的意見，我建議貓不用自己養，你去寵物咖啡廳吧。」我說。

「意思是要我擼別人的貓？」

「這樣就沒棄養問題了，說不定還會交到新朋友，認識新的妹子。」

「我很想快點治好，跟大家一樣每天都很快樂，可是我真的很討厭一堆貓、討厭新朋友、討厭出遠門、討厭去很遠的地方、討厭門……」林先生陷入喃喃自語的迴圈。

等他數完一大串的討厭清單之後，我繼續鼓勵他，「去不去寵物咖啡廳無所謂，重點是要經常外出到一些美麗或文藝氣息的場所，不但對精神有幫助，運氣好還能捕獲野生的小確幸。」

「是野生的嗎？」

林先生抓的重點很特別，我不禁一愣，隨即微笑說了，「當然是野生的。你也知道，小確幸跟海產一樣，自然是野生的比養殖美味。」

「好吧，我願意出幾次門試試。」他的嘴角終於失守。

不知他經歷了什麼心路轉折，但是好歹是笑了。憨憨的，比苦著臉可愛多了。

【人生課題】

幸運有兩種。一種是自動上門，一種是出門遇見。

【我的建議】

與其在原地腐朽，不如走出舒適圈呼吸新鮮空氣。

【他的選擇】

幾天後，林先生突然傳來大量照片。

我點開一看，照片全是可愛的女僕。有的頭上戴了貓耳、有的學招財貓掄起貓拳、也有的拿螢光棒跳舞，每張畫面都洋溢著青春的氣息。

一則又一則的訊息陸續發來，林先生顯然正處於亢奮的狀態。

「亞里莎叫我主人，是主人啊，我好像找到生存的意義……」

「她的聲音好軟萌，我要融化了！」

「我們聊ＥＶＡ聊好久，眞開心。」

「繪理把我畫在餐盤上，第一次有人畫我呢，我感動到哭了，嗚嗚嗚～」

「不去寵物咖啡廳，改去女僕咖啡廳可以嗎？」

看著林先生激動的留言，哪裡還有抑鬱症的樣子？雖然我很不解怎麼從寵物咖啡逛到女僕咖啡，但是從結果論來說是好事。

善意的支持有木有！

精準的理解有木有！

溫柔的陪伴有木有！

既然全都有，我的答案當然是——「Ｙｅｓ！」

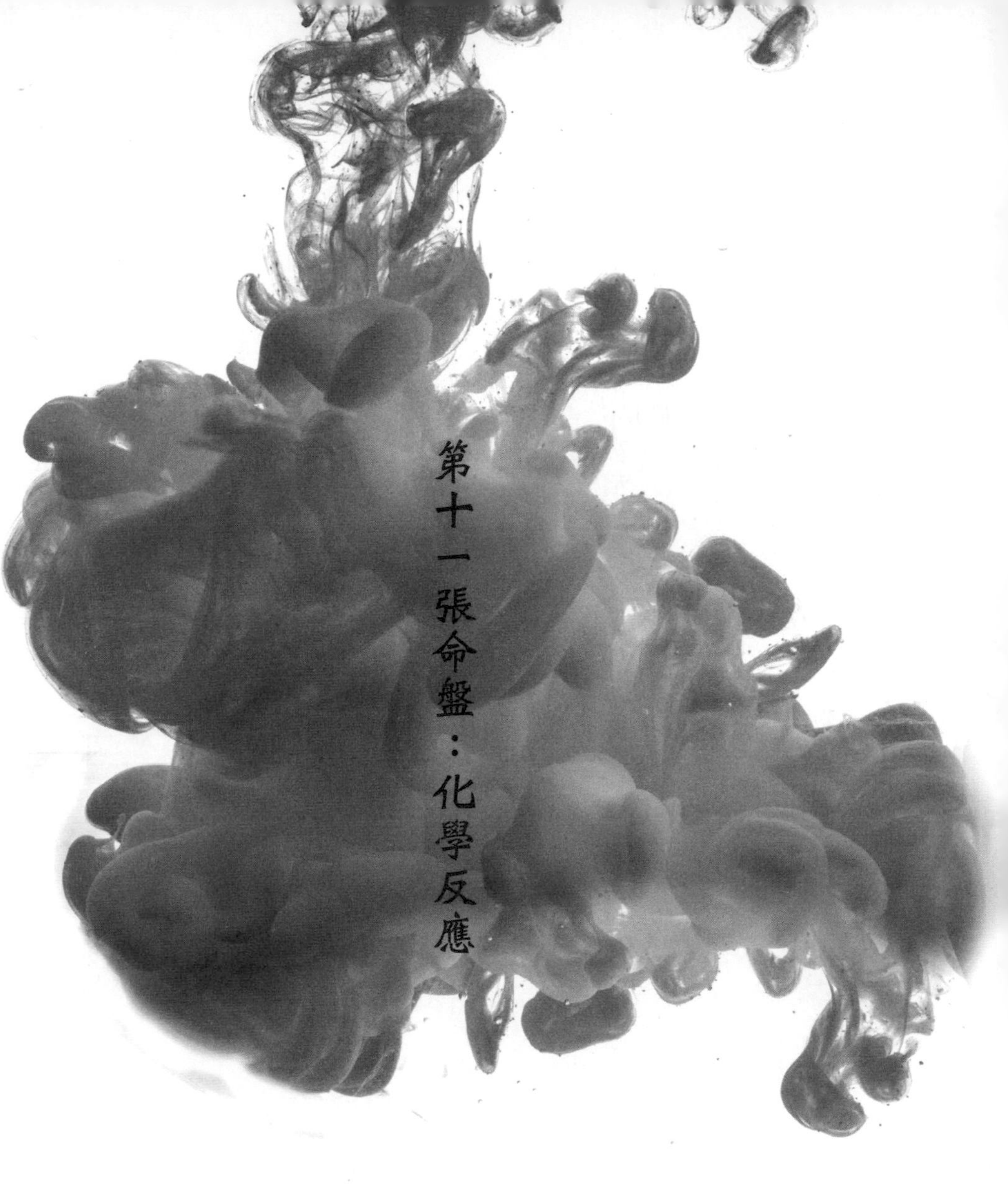

第十一張命盤：化學反應

世道光影交錯，誰是貴人、誰是小人，往往不能一眼看透。甚至我們會發現，腳下的黑影源於背後的光。

違和感

客人找我論命，通常會知道自己要問什麼。江先生卻不一樣，他來找我的時候，連個具體的問題也沒有。

根據江先生的說法，他與朋友合作規劃一個網路節目，計畫還處於籌備階段，不料事情平地生波，而這個變數正是他自己。

原本兩人談定江先生負責幕前，朋友負責後製，各自處理擅長的項目。事後，江先生盤點工作清單，赫然發現自己前台後台的事務都能處理。既然如此，他單幹就行了，當初找朋友的理由也就不復存在，自然該考慮中止合作了……

江先生認爲自己的推論無誤，在邏輯上完全站得住腳，但是一股莫名的違和感湧上心頭，這也是他遲遲沒有找對方談拆夥的原因——感覺怪怪的，偏偏說不上哪裡怪。

命盤上的星相透露出一些跡象，我大抵猜得出他的違和感從何而來。爲求愼重，我又問了一些資訊。

人際化學

「你在做這份事業的時候，是不是腦中經常萌生計畫，可是想著想著就想到擱置，或者做著做著就做到沒電？」我問。

「想了也不做，做也做不久。對，我就這性子……」江先生沒有遮遮掩掩，倒是坦率大方。

我審視合夥的那一年，江先生坐命天相，得左輔右弼拱衛，可在合夥事業上發揮所長。不過天相是被動與配合的星曜，即使盤勢美好，開創力仍有不足，如果江先生在此年創業，應該是有旁人拱他上位。

流年巨門化祿正坐流年兄弟宮，使流命得到吉化，形成「財蔭夾印」的格局，應是合夥人爲江先生帶來事業的際遇。

「你們的合夥事業，是不是對方主動提起？」我又問。

「我們都有想法，不過合夥確實是他先起的頭。」

得到江先生的回饋，我繼續審視合夥的緣起宮位。

流年兄弟宮爲巨門坐守，巨門主口語也主挑剔，這位合夥人難免口頭上會挑剔主事的江先生幾句。另一方面，巨門會合天魁、天鉞兩顆貴人星，象徵合夥人本身也帶有貴人屬性，於是對方唸著唸著，就爲江先生帶來了機遇！

「在我們談違和感之前，先談你跟朋友的合作。」資訊收集完備，我開始了推論，「單論工作能力，朋友確實不如你，你跟他談合作是不划算。不過，若是把兩人互動的化學反應也算進去，談合作則是大吉！」

「一加一小於二，爲何是大吉？」江先生懵了。

「因爲你缺乏行動力，而他專出一張嘴，他一直講你就一直做，成果很快就能出來。不然單靠你一個人做，估計又會做到沒電。」

「哈哈，就是這樣。」

「再說，他也不是一無是處，有時會說出一些閃光點，爲你們的項目加分。」

「確實如此，我找到答案了！」江先生豁然開朗，心頭的違和感冰銷雲散，整個人神清氣爽。

與其用數學描述人際關係，倒不如用化學來得貼切。

每個人都是獨一無二的個體，因此把不同的人放在一起，整體可能更積極、更內耗、更僵固、更衝突或者更加天馬行空。只要對方能讓自己變得更好，那就是我們所需要的化學反應。

我鼓勵江先生，珍惜這位看似只會嘴炮的夥伴。你提供能力，他灌輸動力，發光發熱的事業體少不了你們其中之一。

【人生課題】

演好獨角戲只需一個人，表演世界名劇則要一群人。

【我的建議】

以「共同協作」的概念取代「個人創作」，為團隊注入美妙的化學反應。

【他的選擇】

隨著時間過去，我已經淡忘了江先生的事。直到某日遇到一位新客人，這才又喚醒這段往事。

這位生客是江先生介紹過來的，也和我閒聊了對方的近況。江先生的網路節目已經上線，團隊又擴編了一個夥伴，各自負責幕前、後製、文案與資料收集，聽說訂閱每個月都有不小的成長，算是經營得風生水起。

我為江先生事業上軌道感到開心，這也令我憶起一則很喜歡的故事。

有位算命師和僕從搭上渡船，他看了周圍的乘客一眼，隨後匆匆下船。未久，一個瘸子從他眼前經過，一拐一拐上了船，見狀算命師改變路線，主僕兩人又趕著上船。又下又上，兩人好不忙碌。

渡船出發了。行至江心時，江上猛然刮起大風，船隻幾度要翻覆，好在有驚無險，虛驚了好幾場。

渡船靠岸，僕從忍不住問了主人，爲何先前在碼頭上上下下？

算命師回答，第一次上船，他觀乘客面相，個個面泛黑氣，明顯全是將死之人，此去必有劫難，因此匆匆下船。後來見到一位瘸子上船，對方紅光滿面，正是一位大大的貴人。所以第二次上船就有恃無恐，因爲託貴人的福，此去必定有驚無險。

有時周遭那個不起眼，或者你瞧不上的傢伙，說不定就是傳說中的貴人。人與人之間，莫要隔著一堵牆互相嫌棄，不如開放心胸把格局做大，我們互沾福氣。

第十二張命盤：新名字有毒

天外飛來一個名字

周先生來論命，開頭問了一個很莫名的問題，「老師，你知道ＸＸ道場嗎？」

「沒聽過。」我老實回答。

周先生也不扭捏，一口氣說出近期的際遇，故事就從這個道場開始。

他和秦小姐交往了一年，感情正是糖甘蜜甜的時期。就在上週，秦小姐想去ＸＸ道場問事，由於路程稍遠，體貼的周先生便自告奮勇擔任司機。由於周先生以前也常去宮廟問事，因此也不反感，對於玄靈之事的接受度很高。

根據秦小姐的說法，該道場問事靈驗，家族的遠近親戚遇到大小疑難雜症，幾乎都會到道場問事。從二十年前開始，秦家親族便是護持道場的大宗，無論太歲燈、大桌、供品、法器、金紙等一切用度，多見親族的捐獻護持，秦氏一族儼然是信徒裡最虔誠的一脈。

周先生本來只是陪女友問事，沒有請教神明的打算。沒想到女友一問完，乩子就請一旁的周先生過來，並在沙盤上寫下一個名字，說是與他有緣，賜他佳名加持前程光明。頓時，現場的信徒們議論紛紛，面露驚訝之色。在周先生的詢問之下，這才明白道場成立至今，神明從未主動賜名給信徒，周先生是開例的第一人。

神明賜佳名，不但秦小姐開心，當事人更是歡喜，決定找一天有空就去改名。不過周先生想要知其然也知其所以然，因此來找我鑑定名字，看看這個名字究竟是怎麼個好法，怎麼個讓前程光明。

字裡乾坤有玄機

「有聽過天上掉餡餅，天上掉名字倒是第一次遇到。」我打趣地說，一邊打開命盤，一邊鑑定起周先生的新舊名字。

這一看，頓時我的腦中塞滿了問號。

舊名字聰明靈動，五格以水爲主，符合貪狼坐命的活潑個性；新名字的五格則是以金爲主，表現剛直，與舊名字相比，完全是截然不同的風格。

再者，新名字又有十七、二十七劃等孤剋的氣場，雖然對強化了意志力，但是削弱桃花和人緣，考慮到周先生的職業是業務，恐怕舊名字對事業沒有加分只有扣分……

這河狸嗎？這薄荷裡……既然如此，爲何神明要給這個名字？

「你女朋友的名字是？」

爲求愼重，我要了秦小姐的名字，頓時腦中塞滿了驚嘆號！

原本秦小姐的姓名，大多是生扶或剋制周先生的五格，能量幾乎是以不同的形式，一面倒地傾向周先生。若是周先生改了新名，反而轉爲周先生的能量巧妙地流向秦小姐，兩人的互動匹變！

對比男女雙方的名字，我感受到一股濃濃的套路感……

「老師，你的表情好奇妙，這名字有問題嗎？」周先生不安地問。

「呃，先別管我的表情，我問你幾件事。第一，你是不是反應快口條好？」

「不是我自誇。我自認口才不錯，每個月的業績都是第一名。」

「第二件事，你的桃花很旺，對不對？」

「對！即使現在我已經有女友，還是有幾個女生喜歡我，嘿嘿。」

「第三件事，秦小姐對你言聽計從，兩人在一起都是你說了算。」

「確實是我做主沒錯，有什麼問題嗎？」

「可能有問題，但我只是懷疑，目前還無法確定，需要你幫忙求證。」我在心裡做出結論，神明產生的問題，還是由神明解決比較好。

「怎麼求證？」周先生神色惶惶，開始緊張了起來。

「你以前常去的那間宮廟，你覺得如何？」

「以前我常去〇〇宮問學業和感情，每次都滿準的。後來我上來台北工作，因爲有點遠就沒再去了。」

「那間宮廟我知道，很正派，你就去問問新名字如何。聽到神明怎麼回答，你再告訴我，屆時我告訴你發生什麼事。」

當下，周先生向我保證會盡快去問，並和我預約下週的時段。我告訴他下週的論命不算錢，一來事情沒有了結，二來我也想聽聽神明的回答。

神明的大智慧

一眨眼就是下週了，周先生一來就急匆匆報告他的經歷。

當他問起新名字的吉凶，神明只說換名字很麻煩，既然舊名字用得很順，繼續用就好了。周先生不死心，又問了幾次新名字到底好或不好，雖然神明又換了幾套說詞，大抵都是一樣的意思，堅絕不正面回應新名字的優劣。

周先生覺得奇怪，以前問事的時候，神明總是回答得很明確，是一是二講得清清楚楚。怎麼這一次講得很模糊，有種在打太極的感覺？

「我實在搞不懂，神明到底是什麼意思？」

既然客人問了，我便充當一回翻譯，「就是字面上的意思，讓你不要換名字。」

「新名字有毒？」

「你猜對了。」

「是什麼毒？」周先生來了精神，一心要問個水落石出。

我也不開命盤了，直接講述自己的推斷。

乍看新名字對周先生沒有加分，但是對秦小姐而言卻是量身設計。一旦周先生換了新名字，首先個性會逐漸轉爲木訥，不再像過去那麼聰明活潑，桃花也會斷光；二來變得更顧家，也會對秦小姐百依百順……

「既然新名字有毒，爲何神明不明示，而是暗示得那麼委婉？」周先生一陣後怕，不由得細思極恐起來。

「因爲講出來會得罪人，呃，得罪神……理直也氣和、看破不說破，這是神明處世的大智慧。」

周先生低著頭，直到消化完複雜的情緒，這才幽幽吐了一句，「神明應該要普渡眾生，怎麼會害人？」

「也許動機不是要害誰，而是要幫誰，其中差異只是立場不同。」

「神明的立場是什麼？」

「XX道場以秦小姐的家庭美滿爲重，○○宮優先考量你的自由意志，不過就是神明特別關照自家的信徒，這也是無可厚非。」

周先生把頭埋到胸口，彷彿快樂一瞬間從胸口抽離，又似在思索為何一件天降的喜事，此刻全然變味。

「她……知情嗎？」

「我認為你們都是局外人，秦小姐應該不知情。」

「謝謝老師！改名的事，我有主張了。」周先生說得俐落，一點也不拖泥帶水。

現在不管喜事還是壞事，我相信都是周先生能處理的事了。

【人生課題】

人各有立場，於是有了江湖。

【我的建議】

防人之心不可無，防神之心也不可無。

【他的選擇】

半年之後的某一天，我收到了周先生的來電。

他向我預約一個時段，想問問工作輪調的吉凶，順便回饋了上次論命的後續。

「我和她仍在交往，但是我沒改名字。」

「你是怎麼告訴女友，你不改名字了？」

「我推說父母強烈反對，爲了家庭和睦，我就不改名了。」

「妙！」我忍不住喝彩。一句話就擺平女友，周先生的手段確實高明。

「我也不再去XX道場了。」

「你是怎麼告訴女友？」

「我說沒改名，推說這樣對熱心賜名的神明交代不過去。以後我就不去道場了，不然場面尷尬，不是祂尬就是我尬。」

「她也不會尬。」我豎起大拇指，給了他一個讚。

巧言應對、面面俱到，周先生有處世的大智慧。

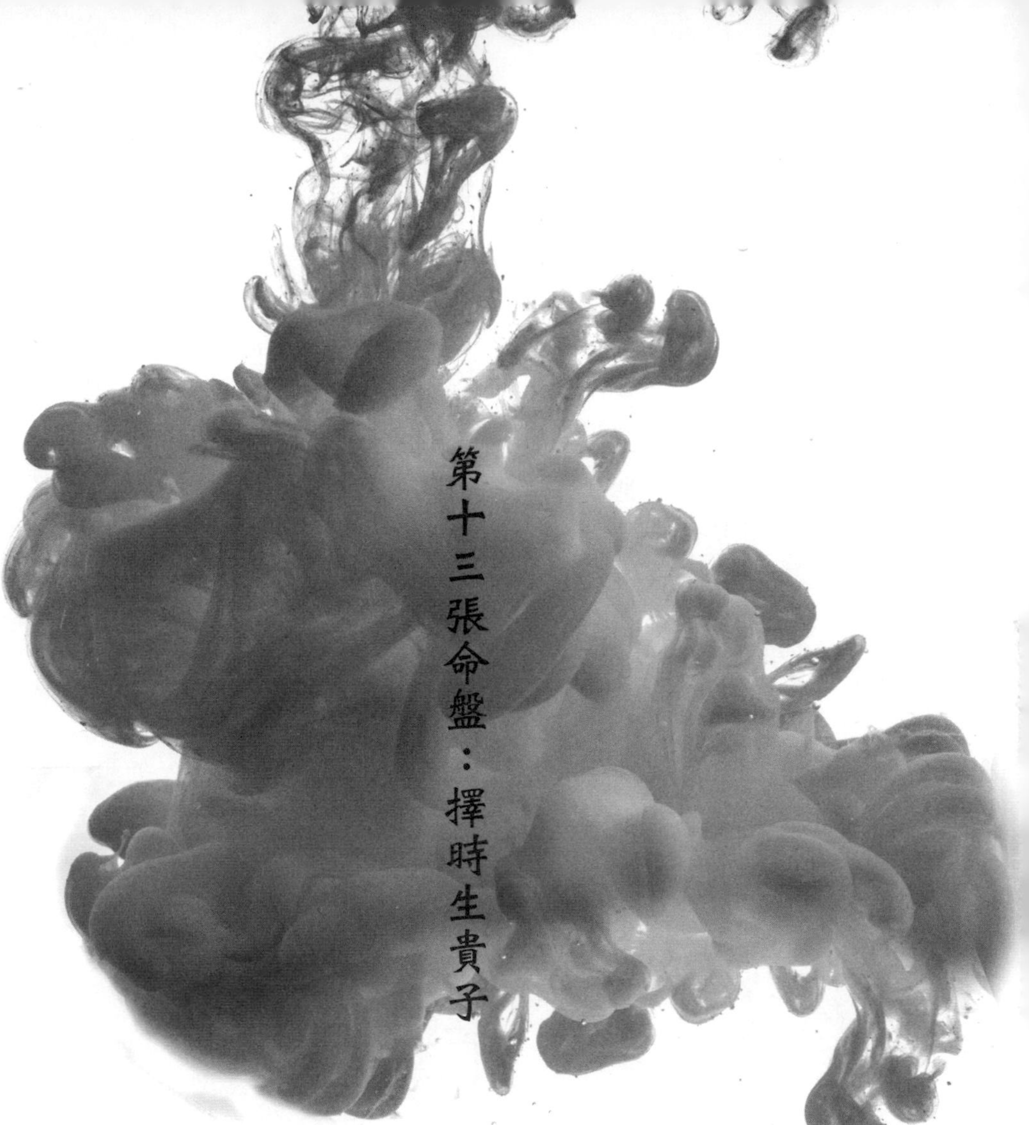

第十三張命盤：擇時生貴子

落土時八字命

「我太太再兩個月就要生了！想請老師幫忙，挑幾個剖腹生產的吉時……」黃先生語句急促，透露出初爲人父的緊張。

華人多有「落土時八字命」的觀念，認爲孩子出生的時辰注定一生禍福，影響深遠不得不愼重考慮。

爲了望子成龍，黃先生請我挑選幾個平安健康、大富大貴、六親和睦、德智雙馨的生子吉時，希冀孩子能在某種不知名的神祕力量加持之下，輕鬆贏在人生的起跑點。

「抱歉，幫不上忙。」我秒拒絕。

「咦，爲什麼？」

就像其他上門求取剖腹吉時的客人一樣，我拒絕了黃先生的請求，並非我不想做生意，而是這筆生意根本無從做起。

先不說面面俱到的大禮包命盤存不存在，也不牽扯風水和祖業的影響，即使回歸命理角度，「擇時生貴子」仍是一個假議題。

好時辰進不了：時辰會挑人

眼見黃先生不明所以，我拋出一個問題，「你可以拿經濟艙的票，去坐頭等艙的座位嗎？」

「當然不行。」黃先生秒答。

「有位子就坐，爲什麼不行？」我反問。

「票對不上，會被趕出頭等艙。」

「這就對了！福分是票，時辰是座位。如果孩子只有經濟艙的福分，就算你讓他坐頭等艙的位子，還是會被趕回經濟艙。」

「挑好時辰，安排醫生，然後生就完了，過程還能出什麼事？」黃先生不死心追問，彷彿生孩子是一條流水線，按部就班就能水到渠成。

「座位要對票，時辰會挑人，票號對不上，被趕出去是正常的。例如媽媽早產、安排不到醫師、醫院停電……結果是小孩出生了，但是發生了某種變故，沒能生在挑好的時辰。」

「如果不能逆天改命，爲何那麼多人在算剖腹產的時辰？我想，或許不會每次頭等艙偷渡都能成功，可是其中總有幾次會成功吧。」

經過之前的解釋，我本以爲黃先生會大徹大悟，沒想到反而激發他的鬥志，頗有幾分與天爭命的豪情。

好時辰發不了：福分不足

「就算眞的偷渡成功，照樣無法提升命格。」我說。

「怎麼說？」

「如果沒錢消費，坐頭等艙也顯不出闊氣。」

「錢是指？」黃先生一時腦筋轉不過來。

「福分。」我進一步解說道：「命盤爲電器，福分爲電池，如果電力不夠，電器再好也無法使用。」

「具體會怎麼反應？」

「假設有三個孩子同時出生，命盤顯示這是一張靠爸族的盤，那麼三個孩子將會因爲福分不同，彼此的命運天差地別。福厚者爲富二代，仰仗父母財力雄厚，不用努力照樣坐擁億萬家產；福分一般者，得到很多零花錢、教育資源和父母的積蓄，雖然父母財力不比豪族，倒也保他一生無缺；福分單薄者或爲啃老族，父母自身難保，孩子坐吃山空，只能眼睜睜走向毀滅的盡頭……」

「平平都是同一張命盤，劇本居然差這麼多！」黃先生不禁發出感嘆。

「同盤不同命，福分額度決定命格高度。」

倏地，黃先生目露精光，「不巧，我剛好家底豐厚，如此是不是較有資格爲孩子謀取更好的生辰？」

接下來，黃先生和我交了底，我這才明白他的豪情何來。他是眞的很有錢，難怪滿懷逆天改命的底氣。

「是的，有錢人可以任性。不過，就算任性把事情做成，不代表事情就沒有副作用。」

「換個時辰而已，能有什麼副作用？」黃先生面露驚疑，此事攸關孩子，任何一個環節都馬虎不得。

「因爲孩子的本性，未必會和命盤相容。」我點出副作用的由來。

好時辰順不了：軟硬體版本不相容

正常情況之下，小孩本性會和命盤所框架的性格一致。如果因爲某種外力介入（例如父母刻意擇時生產），導致兩者落差太大，那麼小孩本性在受到相違的命盤框架之下，自然會出現奇怪的磨合現象。

「例如？」

「如果孩子是保守怕事的公務員靈魂，卻進入一個重利的生意人命盤，那麼這個生意人有可能因爲保守怕事不做生意，又因爲重利而四處求財，最後變成一個出門就要低頭撿錢的小氣鬼。」

「呃。」黃先生驚呆了，沒想到命格居然可以這麼玩。

「或者孩子是剛狠的靈魂，卻被塞到一個溫和的命盤，那麼……因爲溫和，他不對別人狠；因爲剛烈，所以對自己特別狠，最後有可能變成一個容易自殘的人。」

「嘶——」黃先生倒吸一口涼氣，

「在我的論命經驗裡，如果客人有奇怪的言行，通常問一下當初是不是擇時生產，有時候就知道問題出在哪裡了。」

「看來逆天改命玩很大啊……」

好時辰騙不了：神明不允許

「而且，就算眞的改了時辰，命也改不了。」下一秒，我向黃先生說了一個公案。

某甲走訪南北多位命理師，只爲找出自己眞正的生辰，結果老師們眾說紛紜，讓他越問越迷惘。

原木時辰的命盤可以解釋性格，但是六親完全不中；晚一個時辰的命盤能解釋事業，但是車關和健康都對不上；早一個時辰的命盤可以解釋大方向的事，但是事件過程幾乎不準……

每位命理師認定的出生時辰都不同，甚至有幾位老師不收錢，因爲這盤定不出來。無奈之下，某甲去求乩問神，眞相著實出人意表！

「你眞正的時辰，在後三個時辰。」神明說。

「後三個時辰……那時我都還沒出生，怎麼可能出生時辰會這麼晚？」某甲大惑不解。

「你是剖腹產，所以提早三個時辰出生。」神明道出箇中玄機。

事後，某甲找了兩位命理師，重新推算後三個時辰的盤。這回性格、六親準確無誤，一生大小事件盡在盤中。

聽完公案，黃先生似乎大受打擊，「我懂了，就跟玩手遊一樣，玩家想開掛，GM大人不允許。父母想給孩子開掛，神明也不會允許。」

「想爲孩子好，未必要擇時。畢竟福分額度影響命格高度，爲孩子行善積福會是更好的方案。」

「怎麼個行善法？」聽到有新的出路，黃先生低落的精神又為之一振。

「父母可以抄經迴向給孩子，或者挑一間公益單位捐款，這樣孩子就有福分進帳了。」

「還能這麼玩啊！」黃先生喜上眉梢。

離去之前，黃先生又問了一些執行的細節，言談之間盡是藏不住的愛兒之心。見黃先生興奮的模樣，我想他是眞的開悟了。

維持公平的遊戲環境，人人有責。我們不要爲難自己、爲難孩子，也不要爲難神明。

【人生課題】

兒孫自有兒孫福。

【我的建議】

福分決定命格高低，擇時生子不如行善積德。

【他的選擇】

兩天後，我收到黃先生傳來一些照片。

點開一看，那是好幾張助印經書的收據，每張都助印了好幾萬本。另外，還有N

張公益單位的捐款單，每張單據的金額都很龐大，我的眼前一片金光閃閃。土豪啊土豪，揮金如十的捐法簡直毫無人性。

不到一分鐘，黃先生就來電了，「老師，我覺得抄經太慢了，印經比較有效率，這樣的想法正確嗎？」

「正確，太正確了。」萬惡啊萬惡，金錢實在是太萬惡了！我承認貧窮限制了我的想像力。

「只捐一間公益單位也太少了，多捐幾間會不會更好？」

「大愛無疆當然好！」

「這樣我的孩子，應該會生在比較好的時辰吧？」天下父母心，黃先生的話題又繞回未出世的孩子。

「會喔！至少他的命盤上，絕對有一個金光閃閃的父母宮。」我說。

有錢就是任性！玩遊戲開外掛不行，課金很可以。

第十四張命盤：看病講緣分

俗諺有云：「先生緣，主人福。」意思是生病若遇到有緣的醫師，手到病除根治病痛，便是病人的福氣。

這句詮釋醫患關係的諺語，命理界同樣適用。

看病講緣分，論命也是。

給伯樂一個機會

故事發生在二十多年前。

年輕時我初學紫微斗數，經常拉著親朋好友來練功，T便是其中之一。T特別熱心，問擇偶條件就交代一頁頁血淚情史，問父母相處就自動托出祖宗三代，妥妥地要五毛給五塊。託他大方分享的福，我得到不少練習機會，論命功力進步神速。

某天，久違的T來訪，一見面就展開嬉皮笑臉，「好久不見，我來關心你過得好不好。」

「別騙！來幹嘛，老實招來。」對於有異性沒人性、一交女友就不見人的T，我可不認為他是專程來訪友。

「這趟來找你算命。話說，你的紫斗練得怎麼樣了？」

「好幾年沒碰了，應該生疏了。」

「那好，我來給你練手。」T也不管我的意願，興沖沖說起近來的遭遇。

他曾經找過知名命理師指點迷津，對方說他的財運未開，需要耐著性子找個正職工作，沾公司的福氣度過低潮。可是幾年過去，T不是跟老闆鬧翻，就是加班加到很厭世，工作換了兩次，越做越是迷茫。

T自覺一直換工作不是辦法，心裡也很想照那位命理師說的，耐住性子堅守崗位，偏偏就是怎麼做都不爽。雖然他又找了那位命理師兩次，可是對方的台詞大同小異，還是無法解決他低落的工作意願。

「既然那位命理師幫不上忙，怎麼還會找他第三次？」壓抑不住好奇心，我忍不住發問。

「不是說忠言逆耳嗎？我覺得他的話滿逆耳的，忠言的成分應該很高吧。」

聽完T疑似抖M的發言，我一時竟不知該從何吐槽起。

我開啓電腦的命理程式，調出那張研究過N次的命盤。

巨門化忌在辰守大限財宮，辰宮為天羅地網，在忌煞交沖之下，巨門無力衝出網羅，賺錢時難免會有一種坐困愁城之感。

運限太陽化科坐守大限官祿，不但得祿權科形成三奇嘉會，並有多顆吉星拱照，盤勢頗佳。官強財弱之下，做上班族倒是適合。

「那位命理師沒說錯，財運未到，做正職度時機確實是好方法。」

「果然要硬撐下去……」T難掩失望，連說話的音色也黯淡了。

「這個大限的工作運佳，如果挑對工作，應該還是有不錯的發展。」我看了一眼長得有點醜的運限遷移宮，不禁開口問了，「你之前的工作，是不是都幹外務？」

「對！我做過儲備幹部，工作要跑來跑去，也做過每個月要出差好幾次的外務。」

「下次找工作，別挑要往外跑的，挑個坐辦公室的。」望著盤上借入天機化忌的大命，我心想與其讓天機化忌跑得辛苦，不如轉爲工作上憚精竭慮。另外，大官太陽坐守，科星和文星匯粹，做些具備符合太陽或科星性質的工作會更長久。

我繼續補充道：「做動腦的工作，不要幹體力活！若是找到藝文、出版、傳媒、社福、政治類工作可以優先考慮，這樣應該會比之前的工作快樂多了。」

「今年開始嗎？」T雙眼放光，顯然是動心了。

「越快越好，今年的工作運不錯。」

倏地，T像洩了氣的氣球，肩膀突然垮下，「你說的那些工作，我都沒有經驗，別人有什麼理由會放著老鳥不用，啓用我這個新手？」

「這表示對方要的不是履歷，而是眞要探探你的才華。」

「好！我願意給伯樂一個機會」

年底的時候，T補送了一個大紅包，說是找到出版社編輯的工作，而且勝任愉快，感謝我的忠言順耳。

生病先養病

時隔多年，T約了我碰面。

他的肚子多了好幾層游泳圈，臉龐冒出密密麻麻的鬍碴，昔日的清秀少年郎一下子變成油膩大叔，害我差點認不出人。

「好久不見！」T拍了我的肩膀，熱絡的模樣彷彿昨日重現。

他一如往常，神神叨叨說起這些年的遭遇。

在出版社待了幾年，平時也接一些美編和插畫的外包案，兼職賺一點外快。後來接案量提了上來，他也貪圖自由自在，於是離職當了SOHO族。

幾年前，T的女友和別的男人跑了，這事帶給他很大的心理創傷，不但整日行屍走肉，案子還黃了好幾件。時日一久，有些案主不敢再合作，他的經濟收入日益縮減。目前每個月的收入不到兩萬，幸虧他和父母同住，少了房租水電的負擔，倒也不擔心落到斷炊的處境。

T一度想要振作，可是做了幾個正職工作都被辭退，隨著腦中的警鈴大作，他終於意識到自己情況比想像得還嚴重。

他曾經想要找我討論人生，尷尬的是我換了手機號碼和通訊軟體，再加上當時我在國外工作，種種因素導致兩人失聯。說起來，這回兩人能夠碰面，還是他心血來潮翻了舊電話本，從中找到我老家的電話，曲折地和我取得聯絡，不然兩人見面不知還得等上多少年。

因爲尋不到我，他曾經找了三位不同的命理師指點迷津。

其中一位說他意志消沉，叫他硬撐去工作，結果就是臣妾做不到。

另一位說他心病還需心藥醫，於是挑一個流年要他去交女朋友，用一段新戀情來療癒舊情傷。

還有一位說他有精神病，叫他另外去找心理醫師諮商。結果諮商了十個月，找到一些奇奇怪怪的童年陰影，也和內在小孩說了好幾次話，但是情況沒有改善，反倒是越來越大的經濟壓力讓他更焦慮……

「我想振作，但不知該怎麼做。」

聽完求救般的自白，我開啓他的命盤。

大限福德宮空宮，防禦力本就不高，又受到火星、陀羅、地空、地劫等煞星衝擊，精神果斷破防，不但會反覆糾結於焦慮情緒，濃厚的疏離感也會不斷拉扯身心。所幸明年換大限，下個大限福德宮借入生年祿科，與會合的化曜組成三奇嘉會，精神欣欣向榮，又得左輔、右弼穩定心神，大有守得雲開見月明的氣象。

時間是最好的解藥，撐過這一年，屆時神清氣爽，多時沉痾爲之一靖。

目前大官和大遷多見煞星不見吉星，盤勢兇多吉少，工作和出外會加重精神焦慮，不如在家好好休息，守到明年自然氣象一新。

至於交女朋友的事，我看了一眼運限夫妻宮，儼然是煞星大本營，於是放棄了談戀愛的方案，T你就繼續單身吧……

「問一件事，你不工作的時候，在家會做什麼娛樂？」

「看小說、漫畫、視頻，把我想成一個宅男就是了。」

「這樣就好辦了！你目前來到易發精神病的運限，心確實是生病了，我認爲情傷只是一個引信，點燃原本就存在的不定時炸彈……所以你要做的就是——當個宅男，然後什麼也不做。」

「啥？」

眼見T一臉懵，我開始解釋起其中源由。

心生病就得治，若是治不好，至少不能加重病情。

第一，我請T停止找工作，先斷絕工作的焦慮。

第二，交女朋友的事暫時擱下，不然現在沒有餘力經營感情，還會增加新的壓力源。

第三，停止心理諮商。反正很快就要換限了，到時就算不看也會緩解，眼下不能開源至少做到節流，別再增加經濟上的焦慮。

T唯一要做的是忘記會讓自己焦慮的事，每天做個快樂宅男，先保持有個不那麼憂鬱的心靈。

「眞的不用看心理醫生？」T忍不住探問。

我追查連續三年的福德宮，給了他一個OK的手勢，「明年精神狀況就會轉好，最晚最晚大後年可以擺脫低潮。」

「就這麼幹！我要努力宅。」

T的臉上難得浮現輕鬆笑容，我相信他當宅男一定能夠勝任愉快。

厚利多銷

續。

去年，T請我吃飯。一別數年，我們聊了彼此的近況，他也順便回饋遲來的論命後

後來他沒去找心理醫師做諮商，而是一股腦把宅男事業進行到底，然後在一部網路作品意外找到擺脫低潮的契機。

書中的主角經歷一次重大打擊，從此繭居在家萎靡不振，情況嚴重到學業也難以完成。可是主角一點一滴做出各種努力，慢慢讓自己振作起來，最後終於振作精神，成功地回歸社會。

T一想到自己的條件比主角好上數倍，既然主角能得到救贖，自己當然也可以……解脫心魔的路徑百百種，T則是從別人的苦難中找到了救贖。在他頓悟的瞬間，負能量一掃而空，原地滿血復活，就是這麼隨意。

現在的T除了接案之外，另外多了一項新事業。

他設計一些手工藝品上網販售，走的是風格精緻的小眾路線。起初只是玩票性質，後來業績逐年增加，網售也就引起了他的重視。隨著近期網售業績停滯不前，爲了提升銷量，他做了一些行銷專案，甚至打折促銷，可是業績不增反減……

「我是不是運勢走下坡，財運出問題了？」T問得緊張兮兮，一雙眼睛睜得老大。

我拿出手機，審視畫面裡框金又包銀的星相，當下心底就有了譜。

大官坐天同祿權，天同在官主白手興業，祿權爲做生意的星相，這也是T在此限創業的原因。

天同得對宮巨門化忌激發，事業興起鬥志，又得祿權科等化曜組成三奇嘉會，事業充滿各種機會。文昌文曲等科文諸曜來會，運營上可以增加藝文感，例如以故事行銷來包裝；天魁天鉞等貴氣的星曜來夾，產品形象也要走高級路線，若走平價行銷則與貴氣星相不合，事業反生波折。

「財運沒問題，有問題的是行銷方案。是不是你一降價，業績就跟著掉？」

「確實降價後業績就下滑，沒再爬起來過……不過，降價不是比較能吸客，怎麼反而趕跑客人？」T一個激靈，聽出了其中的不對勁。

「厚利多銷不是普世皆準的法則，而是你當下的磁場如此。」

「我現在的磁場是？」

「現在賺錢的磁場很貴氣，所以用平價賺錢有限；低價偏離磁場更遠，賺的錢更少；若是走高質感路線的高價，跟貴氣的賺錢磁場合拍了，財氣也會跟著進來。至於漲多少，你去調查市場的行情，至少要比一般行情高出五到八成。」

「不能薄利多銷，反而厚利才會多銷？可是降價都沒人了，怎麼可能漲價賣更多？」

T喃喃自語，一時做不了決定。

「如果想不到其他辦法，你再試試我說的。」

菜餚接連上桌，我們停下話題，開始了吃吃喝喝。吃飯皇帝大，不管遇到什麼困難，先吃飽了再說。

【人生課題】

貴人妙不可言。不存在於莊嚴法相、不存在於顯赫名聲，只在當下的心領神會。

【我的建議】

讓自己變得更好的那個人在哪裡，先生緣就在哪裡。

【他的選擇】

幾個月後，我收到了T的來電與回饋。

「後來我照你的建議走高質感路線，給產品寫了品牌故事，圖照弄得更精緻，也把售價升上去。結果上個月和這個月的業績都在上升，生意眞的有起色了，我的先生緣果然在你這裡。」

「讚讚！繼續保持喔。」

「我想道謝請你吃飯，順便問件事……」T欲言又止，明顯還有後話。

「問啥？」

「最近腰痛越來越嚴重了，我懷疑是坐骨神經痛。」

「等等！懷什麼疑，你沒去醫院嗎？」

「還沒去，我想問……」

「別問，問就是去醫院。」

這一題不用算，我很確定T的先生緣在醫院那裡。

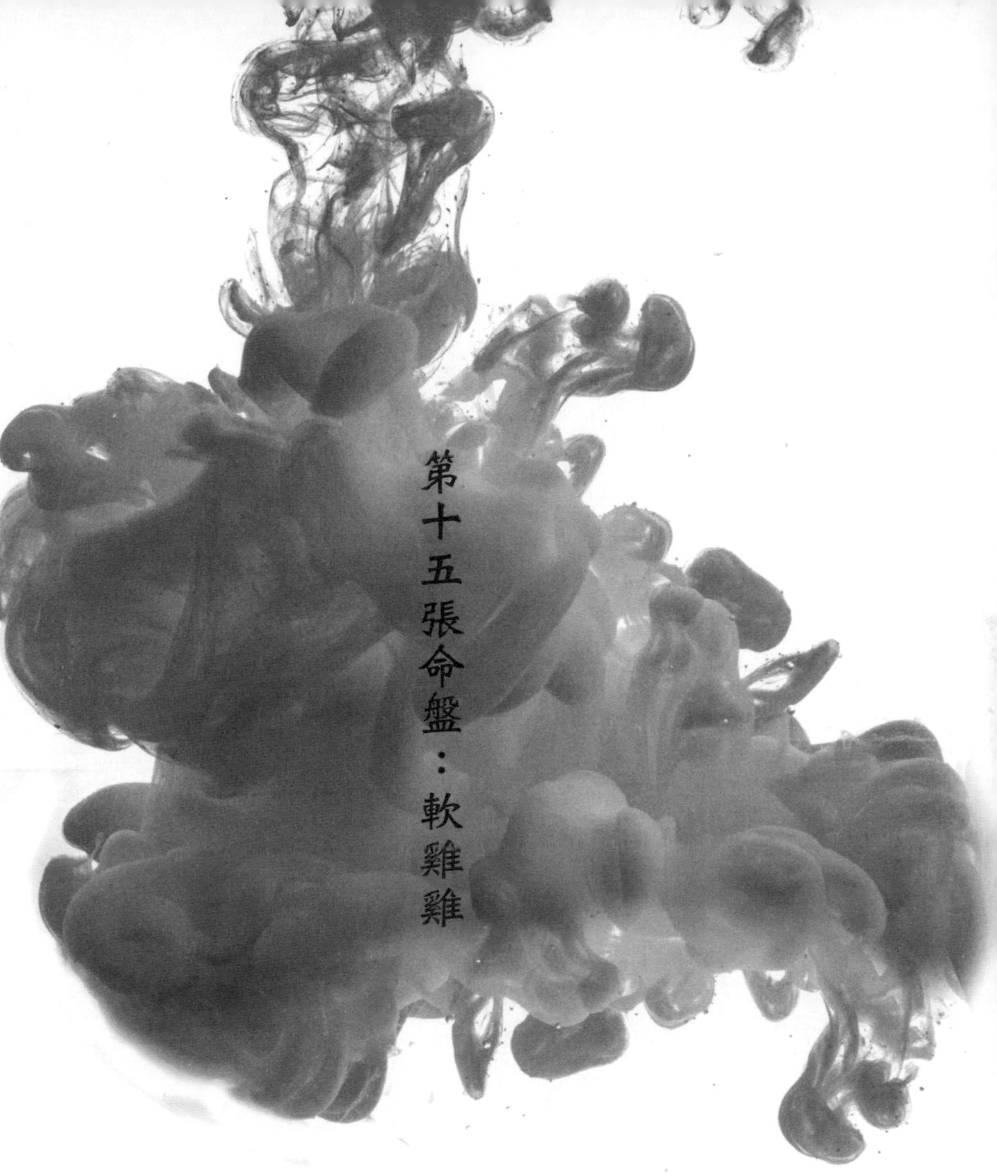

第十五張命盤：軟雞雞

世上最遙遠的距離，是我就在你面前，你卻軟雞雞。

天無絕人之路

陳太太是一位人妻，此次來問婚姻是否有問題。

我端視命盤，先看運限的夫妻宮再說。

天同化忌坐守大限夫妻宮。天同主心情，化忌則主不快樂，大限夫妻宮又疊流年夫妻宮，加強了心情不美的象義。

「你在婚姻中感受不到情調與快樂，並爲此感到苦惱？」

「對，我們之間是有點狀況……」陳太太欲言又止，話題一轉又道：「看得出他在外面有別的女人嗎？」

「我看你的盤是沒有，再看一下他的盤比較保險。」

「他的出生時間是……」陳太太報出老公的生辰。

我輸入生辰，一張新的命盤在眼前豁然開朗。其中的一個宮位長得特別突兀，勾起了我的疑慮。

對已婚的夫妻而言，除了夫妻宮之外，子女宮也是重點觀察宮位，不但可了解命主的親子關係，也能一探性生活的狀況。

此盤子女宮有巨門化祿和地劫同坐，又有地空來沖，正是祿逢沖破的格局。化祿就像一顆膨脹的氣球，禁不起被地劫、地空兩根針來戳，再膨脹也得消風。看到這裡，已然可以預見巨門先熱後冷、房事淒涼的光景了。

「你老公目前沒有外遇，可是……軟雞雞？」

剎那間，陳太太幾乎是尖叫著喊道：「天啊！我都不好意思說出口，想給老公留一下面子，沒想到命盤看得出來喔……」

「可以。」我接著問：「所以，你老公是很軟還是很快？」

「都是。」陳太太的眼眶泛紅，幾乎要哭出來了。

等到陳太太抽完鼻子、平復了心情，隨即又問，「我老公是對誰都軟，還是只對我軟？」

「問這一題，是爲了評估要不要放生老公嗎？」

「是的。對誰都軟就是他有問題，我們夫妻倆一起面對。如果他只對我軟，我就成了問題，那麼放手對彼此都好，兩不耽誤。」陳太太條理分明，算是拎得清放得下。

「你放心啦，他對誰都軟。」

「聽完你的話，我不知該高興或難過。」陳太太幽幽嘆了口氣，心內五味雜陳，接著道出了漫漫求醫史。

根據陳太太的說法，這個老公什麼都好，偏偏軟雞雞。爲了挽回老公的雄風，她帶他看遍名醫，有醫生看到沒醫生，就是治不好老公的頑疾。

「看了N個醫生也沒用，我好鬱悶。唉，我是不是要守活一輩子活寡，我老公是不是沒救了？」

「還有救啦，不要放棄治療！」

「中醫調身體，西醫拿威而剛，除了中西醫之外，還能怎麼救？」陳太太像是洩了氣的球，越說越沒力。

「性無能有五種治療方式，中醫、西醫只是其中兩種。如果其他三種方式也沒救，眞的五大皆空，你再嘆氣未遲。」

「五種！有這麼多嗎？」陳太太猛然回神，眼睛睜得老大。

系金ㄟ，天無絕人之路，我開始向陳太太解說各種治療方式。

寒熱體質有玄機

平平都是軟雞雞，可是成因不同，相對應的治療方式也就不同。

第一種治療是中醫，對應的是體質問題。體質跟空氣一樣，看不見摸不著，可是一出狀況，影響又見骨的深刻。

我有一位業務員朋友，某日發現自己喪失功能，起初不以爲意，心想說不定是連日應酬太累所致，過幾天就會好了。沒想到一個月過去，狀況沒有起色，他這才驚覺大事很不妙。爲了自救，他看A片、看醫生、也看A片裡的醫生，但是一切努力全都打了水漂。他的雞雞出家了，儼然是入定的老僧，沒反應就是沒反應。

「我記得在那段時間，大家揪他打網遊也不玩，他的床頭櫃還多了《法華經》、《悲劇的誕生》等一堆探討人生的書。偶爾，他還會悲傷地問我，他是不是提早邁入更年期了？」

「好慘……所以他更年期嗎？」陳太太問得很認眞，彷彿他老公也是一樣症頭。

「二十幾歲而已，哪來的更年期，是涼菸抽太多，把體質變得太涼了。」我道出了事情的始末。

原來，廠商送了他好幾條涼菸，他在抽涼菸的日子裡，體質逐漸發生改變。直到中醫叫他戒菸，並且吃藥改善他的體質，終於成功讓雞雞還俗，不到三個星期就滿血復活了。

「如果軟雞雞的原因是體質問題，非常推薦找中醫。」我說。

「《法華經》呢，他還有在讀嗎？」陳太太的關注的重點很特別，我猜不透她……

「現在的他一樣是老菸槍。Game照玩、舞照跳、菸照抽，唯獨不碰涼菸和《法華經》。」

故障要修不要操

第二種治療是西醫，較常見的是物理問題。

物理是具體的身體損傷，例如海綿體有缺陷、血管需要重建等。如果不先處理這些已經故障的零件，機器就無法順暢運作。

我向陳太太分享一個客人的案例。

客人問爲何老公都不碰她，是不是外面有女人？結果我看了老公的盤，發現他的身體出了狀況。一問之下，客人這才告訴我，老公在洗腎……

陳太太一愣，不禁脫口說道：「她在問心酸的？」

「當時，我告訴那位太太，你就放老公一條生路吧。諸功德中，放生第一。」

「我老公調過體質了，身體也檢查過沒有缺陷，所以是其他的類型？」陳太太做了一個手勢，示意我繼續說下去。

一言不合千古恨

第三種治療是婚姻諮商，對應的就是心理問題。

人有百百種，心有千千結，想得到和想不到的任何事情，都有機會在彼此心中種下心結，甚至因此影響到性生活。心結千奇百怪，我聽過的有——

老公不分擔家務，老婆心生不滿，自此就對老公提不起慾望。

雖然老公原諒了老婆的外遇，但是形式上原諒，心裡卻無法原諒。於是兩人相處風和日麗，唯獨房事相敬如冰。

老公見到老婆生產時血崩，心裡產生了陰影，居然就無法行房了……

在五花八門的心結之中，我印象最深的當屬以下這個案例。

丈夫週末想回家看看老母親，但是老婆不允。幾番來回，最終丈夫拗不過老婆的要求，妥協之下就待在家裡陪老婆追劇。那一晚，老母親突然病危，在被送到醫院急救之前就過世了。

丈夫沒料到，這次沒見到母親的面，竟然就是天人永隔。老婆更沒料到，自己一個隨意的撒嬌，換來的竟是丈夫一生的遺憾。

自從那次事件之後，溫和的丈夫再也不向妻子做出妥協，只要不願意的事就是說

NO，絕不勉強自己。丈夫一夕變臉，妻子感慨萬千，她知道以前那個對自己百般寵溺的情人、以及熱烈纏綿的性生活，再也回不來了。

「他們去諮商有用嗎？」陳太太問。

「去了還有一點機會，不去連機會都沒有。」

「我老公應該對我沒心結吧？」陳太太回想了幾秒，忽然忿忿說了，「他敢有心結！他一直軟雞雞，不爽的是我，我才該對他有心結吧！」

性學博大水又深

第四種治療是性診療，對應的就是性本身的問題。

很多人都以爲性是與生俱來的本能，不需要特別學習。然而，愛不只是本能，愛還需要學習，性也是如此。

陳太太對性診療的領域有些陌生，於是我舉了一個例子。

丈夫是三秒男，太太困擾不已，後來在醫生的指導下，丈夫成功讓太太達到婚後的第一次高潮……

「這就是我要的！」陳太太激動打斷了我的舉例。

等她平靜了，我繼續解說剛才的案例。

原來，男生一直以爲要快速衝刺，女生才會舒服，偏偏他的身體很敏感，因此每次上陣就是搶當三秒男。後來醫生建議放慢速度，男生降低了敏感度，女生也能成功累積快感，終而雙雙成功達陣。

「性本身的水就很深，早洩、不舉、進不來、出不去、只想單幹、或者空幹、或懸空幹……各種問題都存在著眉眉角角。性診療算是獨立的一塊領域，專門對治這些症頭。」

「你說得有點抽象，但我好像都聽得懂。」下一秒，陳太太要了我的口袋名單，準備論命結束就去預約門診。

五大皆空才是空

第五種治療是玄靈風格的治療，對應的是無形問題。

大約九十五%的軟雞雞，都能藉由前四種治療得到大幅度的改善。如果還是不能解決，那就表示該雞雞是剩下的五%，通常就是無形的問題。

斯斯有兩種，無形的問題也有兩種。一是風水，一是業力。

「風水上，最常見的是床位問題……」

我的話未說完，陳太太傳來兩張圖片，「這是我畫的住家平面圖，你看床位有狀況嗎？」

「等等，你怎麼會沒事畫一張平面圖？唔，連方位都標好了，好專業！」

「之前去算命，另一位算命先生叫我畫的。」

「了解。」我仔細端詳平面圖上的床位，並沒有壓迫或沖犯。

「床位有問題嗎？」陳太太關心道。

「沒有。」我說，還了床位一個清白。

第二種無形問題是業力。

我向陳太太分享一則公案。

有個男人起床都會升旗，功能看似正常，但是說也奇怪，一碰女人就軟雞雞。爲此，他已經分手了好幾任女友，到了後來索性不交女友，因爲一看到女人，他總會憶起被軟雞雞支配的恐懼。

男人四處求醫不果，最後在宮廟王爺的指示下才眞相大白。原來男人前世欠下情債，冤親債主今世來討，偏偏這位債主極有個性，她既不要男人的命，也不要錢，偏要他一見女人就軟雞雞，要他看得到吃不到，要他過得雖生猶死。

最後在王爺的調停下，男人和債主達成和解，世上又少了一根軟雞雞。

「只看過中醫和西醫，並不算是把醫生看全。如果以上五種治療都救不了你老公，到時你再放生未遲，五大皆空才是空……對了，今年你先生的醫師緣不錯，有機會找到貴人醫師。」

「好，我待會兒就要預約門診了。」陳太太像是想起了什麼，忽然來個回馬槍，「最後一題！老婆變胖了，從四十五公斤胖到九十公斤，然後老公就軟雞雞了，這是物理還是心理問題？」

「口味問題。」我很認眞，這題想了三秒鐘。

【人生課題】

放生不能解決問題，勇敢求救並非弱者，生命一定可以找到出路。

【我的建議】

有嘗試就有機會，多找多看多打聽。

【她的選擇】

不到一週，我收到了陳太太的回饋。

說來也巧，論完命後的隔一天，她就收到閨密的推薦，找到一間挽救男性雄風頗有口碑的老中醫。閨密說得煞有其事，她聽了很動心，雖然老公已經看過中醫，但是醫術這種事同工不同師父，所以她還是先帶老公試試，說不定能找到治癒的契機。

根據老中醫的說法，丈夫體虛，所以這事急不得，必須先從調整體質做起。陳太太決定再試一回中醫，反正成功了自己大賺，失敗了老公也會更健康，到時再找別種療程就好，這波不虧。

見到陳太太劍及履及的行動力，我相信不久的將來，夫妻兩人終會攜手聯袂，一起跨過那段最遙遠的距離。

第十六張命盤：不敢收錢的水電師父

讓專業的來

葉先生是我的讀者，早在我是職業小說家的時期，他就一直買書相挺，既是粉絲也是老朋友。雖然之前我們從未見面，但是時常私訊聊天，基於多年的相處經驗，我知道他的稟性善良，是一位連蚊子也不忍拍死的老好人。

今日，葉先生來找我論命，不過在正式開始之前——

「金三和楊的故事，還會有後續嗎？」和其他讀者一樣，讀者一見到作者就聊小說。

「暫時是沒空寫了。目前我忙著研究一些命理術數，忙完恐怕也是N年後的事了。」我說。

「振大，最近我有一個朋友見鬼了，要唸什麼咒語才能保平安？」和其他讀者一樣，讀者一遇到靈異事件就想找我解決……

「抓鬼要找道士，不是找靈異小說家啦，不然就耽誤黃金救援時間了。」

「懂、我懂，要讓專業的來。不過——」也不知葉先生懂是不懂，他又問了，「在我的朋友請到道士之前，他可以先做什麼事情自救？」

「目前的居處住多久了？還是說搬家不久就見到好兄弟？」

「已經搬一個月了，還是我陪他搬的家。」

「他家那棟樓的後方，是不是對著路沖？」我又問。

葉先生低頭，似乎在回想環境。約莫過了二十秒，他把思緒重新拉回到現實，「我記得是一條很長的巷子，租房的後方正坐在那條無尾巷的盡頭。」

「就是路沖了。那種房子聚陰。叫你朋友快逃，先搬家先贏。」

「連他家後方有路沖都知道！振大別騙了，你果然會通靈吧？嘿嘿。」葉先生笑得頗有深意，露出一副「你果然是道士吧」的表情。

「我不會通靈，那是風水……」由於槽點太多，以致於我不知道該從哪裡吐槽起了。

「嗯，我要問財運。」和其他來論命的客人一樣，葉先生總算關心起自己的前程。

廉價免錢工

透過兩人的一問一答，葉先生的人生經歷逐漸明朗，其中沒有八點檔的煽情，有的只是柴米油鹽的平靜日常。

他目前任職於設備行，擁有一份穩定的月薪，下班也會接洽一些水電維修的案子。所謂工欲善其事，必先利其器，葉先生爲了更完善地修繕物件，自費購買很多工具，言談之間不難感受到匠人對於工具的痴迷。

有正職又肯兼差，不管橫看豎看，葉先生都是一個上進青年。截至目前爲止，故事還算溫馨，但是接下來的畫風一變，讓我有種從鄉土劇轉台看心理劇的錯覺。

根據葉先生的說法，他在接案時，往往修完東西後就轉身走人，竟然沒有開口向客人索取報酬。反正客人給多少，他就拿多少，不給錢他也隨意，一整個就是做公益的節奏。

望著命盤，情況從奇怪到逐漸理解。我嗅到了一絲光怪陸離，那是心理失衡的味道。論賺錢，財福線是觀察的重點。

財宮有七殺和地空坐守。七殺主努力實幹，地空不重錢財，對待錢財會有一種雖然努力賺錢，卻因爲心胸開闊而輕財的態度。福德宮則是被地空、地劫沖破的天府，天府爲財庫，財庫都破洞了，本人也沒有積極聚集錢財的心思。

對錢財的態度如此，那麼對客人的態度呢？

友宮有巨門化忌坐守，巨門主言語，化忌爲難言之隱，確實符合葉先生不敢向客人開口的星相。可是知道他不敢開口還不夠，仍需找到是什麼心病。

想要完整看出一個人的心性，至少要看三個宮位：命宮主性格，福德宮主本人可以覺察到的意識，疾厄宮則是本人未必能察覺到的潛意識。

疾厄宮爲太陽天梁在卯坐守，兩顆主星都是蔭星，潛意識表象爲樂於助人。三合有太陰化祿來會，太陰也爲蔭星，化祿更加彰顯庇蔭他人的能量。三蔭星廟旺，又得五顆吉星來拱，命主一心利他，堪稱是古道熱腸。

福德宮則是不聚錢財，命宮破軍又見地空，精神和性格都是輕財的星相。觀察心性的三塊拼圖組合起來，便是樂於助人而輕財。當助人和輕財混合在一起，如果命主是修道人或經營社福單位，倒也沒什麼大問題，可是命主若是需要以財養身的芸芸眾生，那麼問題就有點大了。

凱撒的歸凱撒，上帝的歸上帝。除非想要製造邏輯 bug，否則兩者不可混爲一談，這大概就是葉先生的處境了。

初步掌握盤勢之後，我進一步開口問了，「爲何不向客人索取費用？」

「我總覺得修理和安裝設備很簡單，有時簡單到鎖幾顆螺絲釘就能搞定，這麼低技術含量的服務，實在不該拿這麼多錢。」

我直覺裡頭有戲，忙不迭地追問，「如果拿了會怎麼樣？」

「我會感覺自己在剝削別人……說也奇怪，我不知道爲什麼會這樣，但是跟別人拿錢會讓我有剝削感，這讓我很不舒服，好像自己做了壞事一樣。」

明明在幫助別人，內心卻有對別人剝皮的罪惡感。聽起來很違和，卻是葉先生當免錢工的眞實心聲。

你值得更多

「你認爲醫師比清道夫高貴嗎？」我扔出問題，想試探他的反應。

「我不這麼想，職業無貴賤。」葉先生搖頭，語氣十分篤定。

「既然職業無貴賤，專業又怎會有貴賤？」

葉先生不語，隱約察覺到其中的不對勁。

「辦事拿錢，天經地義。如果你不拿，就是作踐專業，連你都自認技術廉價，還能期望誰會覺得你珍貴？」

「就算我這麼想，客人也未必……」

「客人也是這麼想喔。」眼見葉先生面露驚訝，我繼續解釋，「如果有一位道士收了你朋友家的鬼，從此他的肩膀不再感到沉重。你認爲，你朋友會不會這樣想──道士只是揮一揮桃木劍罷了，沒什麼技術含量，不值得給一個紅包？」

「他應該不會這麼愚蠢吧，竟敢忘恩負義！如果沒有道士出手，他就要被吸乾陽氣了！」葉先生難得激動起來。不過，這句話的訊息量太大，我搞不懂他介意的點是愚蠢、忘恩負義、還是吸乾陽氣？

話說，吸乾陽氣是怎麼一回事……

我拋開雜念，把注意力拉回到他的身上，「阿兵哥在軍營裡很無聊，讀著口袋書打發時間。你認爲，阿兵哥會覺得寫書不就是打字，作家也沒什麼了不起？還是覺得好險手頭有部小說，不然晚上時間不知該怎麼過？」

「一定是後者！我當兵最喜歡看小說了。」葉先生綻放燦爛的笑容。我想，在那段度日如年的軍旅生涯，小說肯定是伴他走過黑暗幽谷的曙光。

「你發現了嗎？對卡陰的人而言，道士救了他的命；對阿兵哥而言，小說也救他免於空虛寂寞覺得冷。專業的價值與否，在於客人是否得到救贖。」

「我的專業也是嗎？」葉先生問。

「沒有你修堵塞的馬桶，客人會被糞水折磨到發瘋吧。沒有你在浴室鎖那幾顆螺絲釘，客人就沒三角架放沐浴乳和保養品，生活會很不方便。你做的事和道士、小說家等專業人士一樣，都是在救贖客人。」

「所以，我居然在……救贖……」

若是一心利他，那麼「他」有可能被放得無限大，「我」相對也會縮得無限小。當「我」變得太小，如何敢開口向人收費？

葉先生的疾厄宮是以蔭星爲主體的清高星相，與其要他意識到世俗錢財的重要性，不如給他「救贖他人所以可以取財」的概念，應該比較貼合他的本性。

「既然你來問財運，我現在就回答你。」見到葉先生的眼裡有了光，我便開始切入正題，「你的自我價值感太低，這會成爲一道檻，成爲你未來發財的阻礙。所以，眼下先要相信自己的技術有價，提升自我的價值感，然後記得辦事要收費，學習合理與社會相處。」

「我會記得收錢的。」

「還有，爲客人服務的時候，心裡要用救贖的感覺取代剝削，收費就會變得很自然了。」

葉先生連連稱是，臉色卻倏地一片暗沉，似乎是湧上不妙的回憶，「有時候會有一種客人，講著我只是動動工具而已，幹嘛收錢之類的話。對於這種客人，我該怎麼做？」

「你就收貴一點吧。專業無貴賤，但是客人有。」我們相視而笑，彷彿已經有了共識，絕對絕對不要再爲漚客損了心情。

【人生課題】

我很珍貴，我的專業也很貴。

【我的建議】

以救贖取代剝削，提升自我的價值感，學習合理與世界相處。

【他的選擇】

隔天晚上，葉先生傳訊給我，表示今晚兼差有向客人收八百元。第一次收到合理的行情價，他赫然覺得空氣多麼清新，世界多麼美麗。

感受到葉先生的歡喜，我由衷爲他感到高興。向客人收費是他的一小步，也是邁向豐饒人生的一大步。

第十七張命盤：好盤走歹命

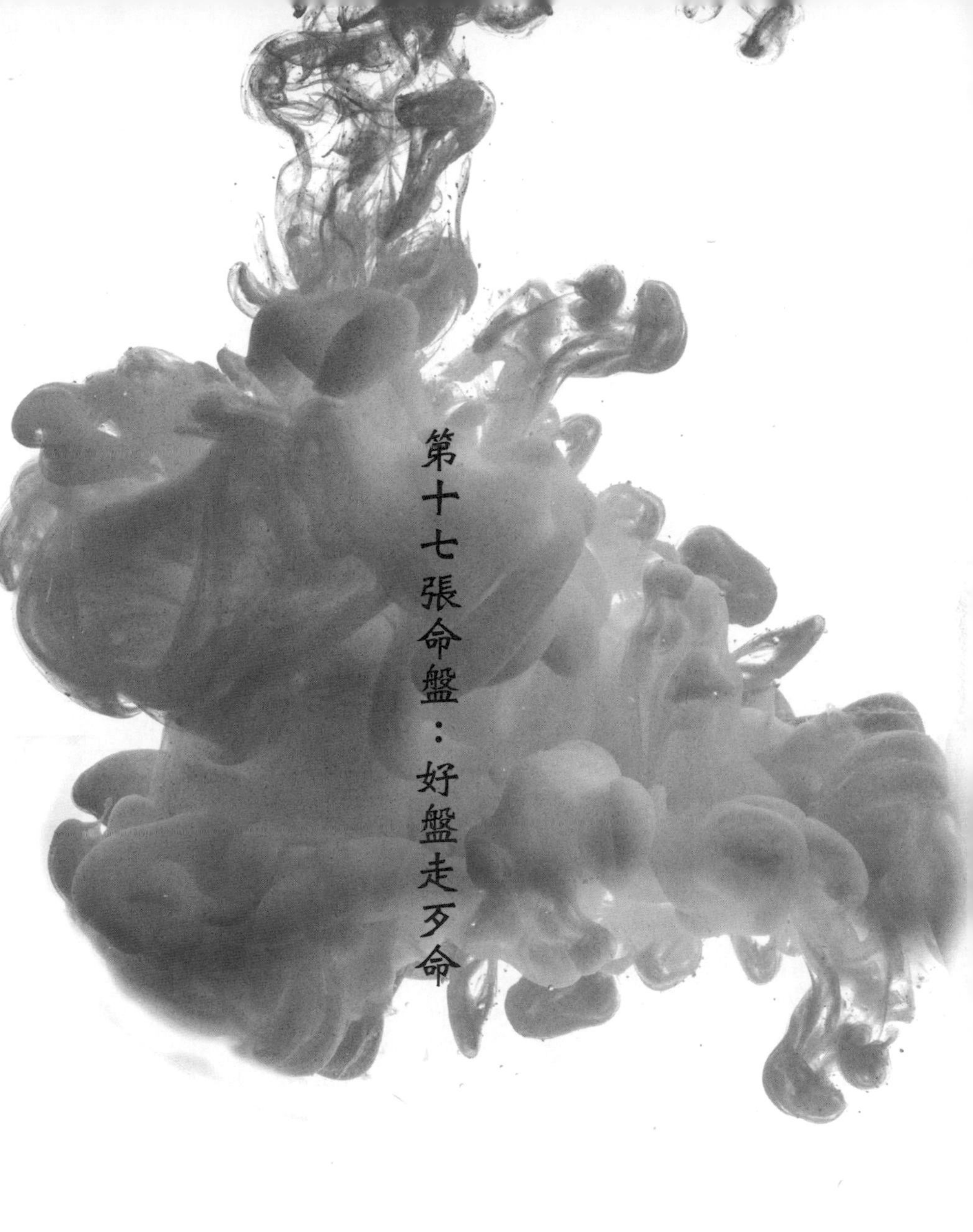

獨門手藝

事情發生在一個炎熱的午后，當時我在冷氣房裡痛得唉唉叫，肩膀腫了兩個大包，瘦得連手也抬不起來。在朋友的推薦下，我聯絡上一位可以到府服務的物理治療師，兩個小時後，對方準時抵達我家門口，我們很快開始了療程。

本以爲阿詹師會和其他按摩師一樣，把我當成手帕衛生紙，折過來又折過去，或者因爲我不是嬌花而荼毒我，肆意施展分筋錯骨手。然而事實和預期正好相反，阿詹師並不怎麼挪動我的身體，而是揉壓幾處穴道，輕柔手勁和他粗獷的外貌形成強烈對比。說也奇怪，約莫二十分鐘，痠痛逐漸退去，獨樹一格的按摩手法令人耳目一新。

好奇心的驅使之下，我忍不住打探，「師父，你的按摩技術很特別，在哪裡學的手藝？」

「神明傳授給我的。」阿詹師回我一個靦腆的微笑，接著低下頭，繼續手上的作業。因爲我跟神明不熟，所以阿詹師沒有下文，我也沒有接話，這樣不知算是他句點我，還是我句點他？

也許是兩人無話太無聊，或者是他手勁太過輕柔的緣故，我一個不小心就睡著了，等我醒來，療程已經到了尾聲。阿詹師請我確認狀況。我起身轉動肩膀，痠痛好了九成，再望向鏡子，肩上的兩個腫包也消退了，療效比我想像得要好。

阿詹師遞給我一張名片，兩人開始閒聊起來，當他得知我是命理師的剎那，雙眼放出了精光！原來他是命理同好，平時就喜歡研究八字和紫微斗數，然而有張命盤讓他百思不得其解，他想問問我的看法。

經典好命盤

「我沒有看法。」對於做白工這種事，我一向是敬謝不敏。

阿詹師似乎沒聽懂我的暗示，直接把手機塞到我的手裡。我瞥了一眼手機螢幕上的畫面，那是一張彷彿從教科書上copy下來的經典命盤。

此盤的命宮不但得到六顆吉星的護衛，而且沒有受到煞星的破壞，其組成的條件如此嚴苛，格局理應非同凡響。古書說這種命盤的主人會一生富貴，百事臻祥。

「這是一張經典的好命盤，但是不合我的口味。」我做出簡短的結論。

「吉星都給自己，煞星全部留給別人，這還不夠好嗎？」阿詹師歪著頭，面露狐疑的表情。

「這是典型的我強他弱。我比別人強，意味著別人幫不上太大的忙，若想成就大業，主要還是得靠自己。」

「靠自己不好嗎？」

「也不是不好，只是人生一直靠自己，那就太辛苦了。倒不如我弱他強，自己本事差點沒關係，把吉星都留給父母宮，父母成爲富貴人家，然後自己咬著金湯匙……不，咬大根一點，咬金球棒出生好了！不用奮鬥就是人生勝利組，靠爸媽不香嗎？」說話的同時，我的腦中浮現起蘇東坡的詩句——人皆養子望聰明，我被聰明誤一生。惟願孩兒愚且魯，無災無難到公卿。

阿詹師低頭沉思，臉上陰晴不定，我看不出那表情是打擊還是震驚。

我把手機還給阿詹師，接續剛才的話題，「正因爲要靠自己，所以命主能力決定人生天花板的高低。若是命主好逸貪懶，沒有培養一技之長，並努力爭取各種機會，那麼有吉無煞也不過是象徵人生平順而已。」

「依你看，這個命盤最大的問題在哪裡？」阿詹師又問。

「大概是沒有煞星吧。吉星是穩定的力量，煞星是改變的力量，命主有吉無煞，性格太過穩定而不知變通。如果是在封閉的公家或學術環境，問題倒也不大，若是在講求競爭和機變的社會，缺乏行動力將會成爲罩門，很容易錯失良機。另外，還有一點我無法確定……」

「請說，你想到什麼就說什麼。」

「因為煞星都跑到六親的宮位，父母宮被重煞炸爛，小時候父母可能會出事。如果是發在父母做帶有破壞性、厭惡性的工作，或者發在親子關係惡劣，那還算好，就怕發在傷災病危、生離死別……」

約莫過了十秒鐘，阿詹師終於鬆動心防，坦承那是他的命盤，並向我回饋他的半生經歷。

海海人生

小時候，阿詹師的家庭遭逢巨變。

一場車禍帶走了父親，母親也因此喪失行動能力，從此輪椅不離身。無法接受丈夫離開、以及身為殘疾人的現實，母親罹患嚴重的憂鬱症，平日生活全賴阿詹師打理。靠著父親生前的一點小積蓄，阿詹師度過了慘澹童年。為了家庭生計，他四處打工賺錢貼補家用，學業成績也就不指望了。退役之後，他開始學習中醫、按摩等技術，以物理治療師的身分接案，展開人生的另一段旅程。

父母出事、朋友詐騙、親族冷眼……煞星雲集的六親宮聚集無數事故，於是阿詹師成了一個有故事的人，雖然他的語氣平淡日常，卻不經意透出一股飽經人事的滄桑。

講完半部人生，阿詹師又問起財運。原來他接案數年，雖然養出一小批忠實顧客，但是收入始終起伏不定，於是向我請益讓客戶變多的辦法。

我依據星相，初步擬定解決方案。

命宮有天機天梁坐守，古書有云「機梁善談兵」。談兵的意思就是出一張嘴，談是很會談，但是做不做就問號，屬於執行力低落的類型。

大限官祿宮、財帛宮、遷移宮皆是空宮，此限工作、賺錢和開發生客的動機稍弱，而且缺乏煞星激發，只怕執行力不足，行事不夠積極。所幸這些宮位多會吉星，若能克服積極性的問題，情勢仍大有可爲。

不過機梁善談兵的性格，來到一個動機不足的運限，命主能否克服執行力低落的弱點，恐怕還有很大的討論空間。

既然對方都開口了，我就針對公司大戶、零星散戶、既有熟客等客群，擬訂各自的客群開發計畫。阿詹師聽得躍躍欲試，拍著胸脯向我擔保，一回去就會執行方案，絕對不讓我的苦心白費。

等到阿詹師離開了好幾分鐘，我猛然惋惜不已！說了這麼多，剛剛我是不是該向他收費？虧我還笑阿詹師容易錯失良機，結果我先錯失潤金……

【人生課題】

我與夢想之間，僅隔著一層行動的距離。

【我的建議】

水不在深，有龍則靈；餅不在大，能吃則飽。先從周圍能夠做到的小方案做起，隨著更多的方案被執行，事情也會越來越順利。

【他的選擇】

幾個月後，阿詹師打電話給我，想要交流幾個斗數問題。我憶起之前研擬的計畫，當下問了他後續，「不是說要開發客群嗎，後來進行得如何？」

「你說的那些方案，我都沒做。」

「爲什麼？」我問。

「因爲神明告訴我，不需要去跑業務，客戶會自己過來。」阿詹師說得煞有其事。人在家中坐，客戶天上來。面對阿詹師的佛系人生，我似乎參透了什麼，又似乎什麼也沒參透。

第十八張命盤：追夢人

先知行於荒野

我和西門的相識，緣於二十年前的一場茶會。

他在場上侃侃而談，新奇見聞信手捻來，猶如夜空閃耀的熠熠星芒，很快就攫住了所有人的目光。那天我們留下了聯絡方式，並在日後成爲長年的好友，然而隨著交情的加深，我越發對西門的才華感到驚嘆。

參與電腦遊戲製作就拿到獎項、寫小說也能拿到文學獎、電腦繪畫能做到商業接案、玩攝影也能組出團隊……只要他想做的事，總是可以做出成績，接著在圈子裡發光發亮。我曾經問過西門，爲何一個人能夠如此多才多藝，他說只不過是心裡還有夢想罷了。

在咖啡館安靜的角落、旅館房間昏暗的橘光底下、以及透著夏日微風的駕駛座車窗旁，他在不同的時光講述著夢想的模樣。

他講「社群經營」。就在我用大學ＢＢＳ玩飛鴿傳書的時候，他已經建立幾個小有名氣的ＢＢＳ和部落客社群，有的社群至今仍十分活躍。

他講「ＩＰ產業」。早在YouTuber仍未出現的年代，他將眼中所見的未來分享給眾人，當時聽起來彷彿神話的預言，多年後一件一件精準實現。

他講、他講……無論西門講什麼，口中的藍圖必定成眞。接下來，歷史總會驚人的相似，共同奮鬥的夥伴必然因爲各種原因分道揚鑣，一路走來只留下夢想的餘燼。

我有一種感覺，西門的雙眼一直注視著未來十年的光景。先知是孤獨的，無論處於哪個年代，他或許一開始成群結伴，無奈最後總在曠野上踽踽獨行。

那一年，西門搬家。我買了鏟刀、抹布和一些掃除用具過去，挽起袖子幫忙整理租屋處。天空下起滂沱大雨，嘩啦雨聲儼然是一曲詩意的藍調，特別適合兩個文青做大掃除，一起鬆散的閒話家常。

平凡毋寧死

我聽著西門講述爲了夢想而創業，日子過得並不如意。這些年人生起起伏伏，伏了又起，起了又伏，如是反覆。我環顧四周，偌大的屋子裡只剩他形單影隻，這才憶起香織早已離開了好幾年。

在我陳舊的記憶裡，西門才華洋溢，香織聰敏大方，兩人是公認的一對璧人，在西門逐夢的路上，背後不難見到香織的默默支持。

遺憾的是現實不是童話，故事沒有圓滿結局。

西門爲了逐夢奮不顧身，給不了香織想要的穩定生活，眼見韶華老去，她務實地離開，兩人終究沒有走在一起。雖然旁人沒有置喙感情事的餘地，但我還是忍不住揣想，如果當初西門以業餘的方式奮鬥，或者做個穩定的工作，兩人的故事會不會有另一種結局？

「如果不追求夢想，要我淪於平凡，那不如去死！」藝術家從不讓藝術向現實妥協，西門也是，彷彿這一生就是爲夢想而生。

幾個小時過去，西門和我刮完地板的油漆點，室內清理了好幾遍，掃除總算告一段落。我們倚在陽台上，雨水時不時潑在臉上，透來陣陣溼漉漉的清涼。

一個不經意地轉頭，西門問我，「我記得，你好像會紫微斗數？」

「你要算什麼？」

「夢想。」嗯，這個回答很西門。

人生究竟該向現實妥實，選擇有利的路線；或者該勇敢逐夢，走向熱愛的風景？這個大哉問，紫微斗數可以提供答案，一目了然命主是否當得起文青。

「給我生辰。」基於朋友的立場，當下我是這麼打算的。如果他當得起文青，我就鼓勵他；如果當不起，我會試著幫忙找尋新的出路。

「沒有出生時辰可以算嗎？」

論命要有生辰，這是紫微斗數的設計原理。雖然也有無需生辰就能起出命盤的方法，但是準度要打折扣，存在更大的不確定性。西門的問題影響人生至大，不適用這樣的論命模式，我認爲還是得問出生辰。

經過再三確認，西門完全不知是哪個時辰出生，就連白天黑夜也不清楚，無法進一步過濾時段。年月日時三缺一，看來湊不出一桌生辰，紫斗論命的念頭只能放水流了。沒有辦法之下，我要來他的生肖資訊，改以借盤的方式推算，赫然發現他坐入我命盤上紫微星的位置。

紫微爲帝星，並且是全盤的權力主導位，那是一個我絕對無法影響的位置。當下我就明白，西門不需要我，我改變不了他什麼。

「這樣不能算喔。不過，我可以站在朋友的立場，給出個人的看法。」依照我對西門的理解，我給出一些參考意見。

「最累的方法，往往也是最差的方法。」

「不能只用一種方法做事，因爲成功沒有唯一解，那會限縮了萬物的可能性。」

「夢想需要堅持，並且時時調整……」

我很快講完了意見，更多的時候我們靠在陽台聊天，任由傾盆大雨潑溼衣衫，水光裡的建築物如夢如魚，模糊得看不出曲線稜角。那一天，我們好像聊了很多事，隱約記得是關於夢想，但是具體是什麼內容，卻是再也想不起來了。

【人生課題】

事情的重要不在於成敗，而是對於當事人的意義。

【給自己的建議】

支持，那是朋友最需要你爲他做的事。

【我的選擇】

我們各自有不同的生活圈，相處的機會不多，偶爾我會從網路或私訊得知西門的近況，知道他沒有變，仍然一生懸命在逐夢的路上。

當他索求我的意見，我會就事論事，他問什麼我答什麼，盡量做到不否定或不批判。現在想想，我沒有西門的生辰，看不到未來的吉凶，或許是一件好事，至少我不會用紫微斗數框架了他的可能性。

西門所前往的曠野，有可能狂風暴雨，有可能風光明媚。我之所以無法設想終點是什麼樣的光景，也許是因爲成功沒有定義。

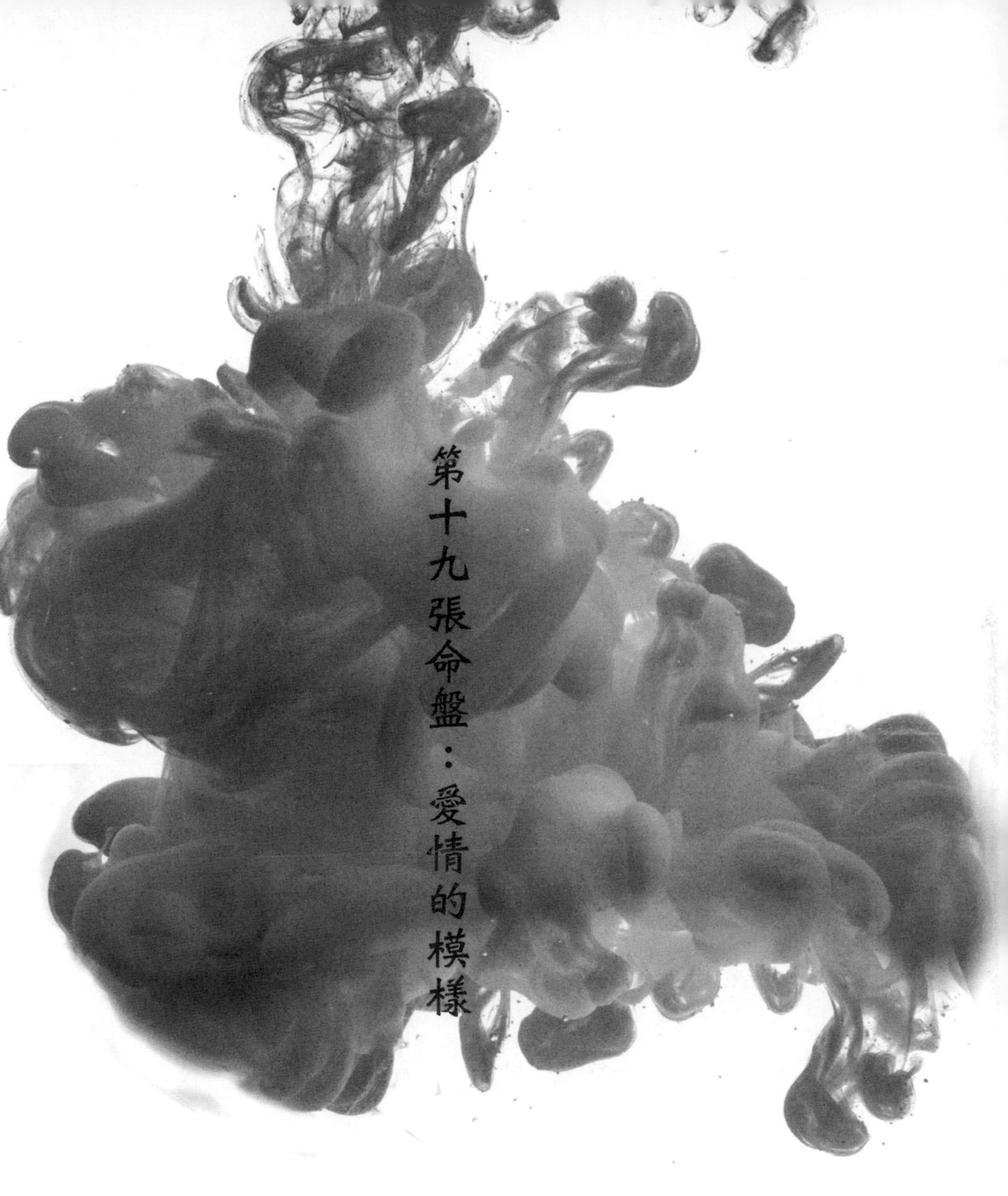

第十九張命盤：愛情的模樣

最後一根稻草

論命時間到，蔡小姐準時出現。她不施胭脂，髮型是樸素的黑長直，雖然在民營企業擔任行銷主管，給我的第一印象卻像是公務員。

她剛結束了一段五年的婚姻。

先生平時經營咖啡館的生意，收入起起伏伏，遇到入不敷出的緊張月分，多是蔡小姐自掏腰包補貼。咖啡館是個無底洞，她多次勸先生結束營業，可是先生有個文青夢，無論如何都不放手，兩人爲這件事不知吵了多少回。

貧賤夫妻百事哀。一旦經濟成了問題，許多不該成爲問題的事也會變成問題。

由於同住的公婆管束甚嚴，從綁頭髮的樣式、衣著妝扮、消費習慣，甚至強制要求夫妻倆參加每週的家族聚會，一條條規矩壓得蔡小姐喘不過氣。她曾經想過在外面租屋，遠離公婆的壓力，無奈經濟不允許，每回腦海中浮現希望的火花，總是一下子就被掐熄……

在外工作勞累，回家也得不到休息，蔡小姐的精神長期緊繃。身心俱疲換來的這一切究竟值不值得？她也不時在問自己。

看似先生外遇是離婚的主因，實則這段婚姻早已千瘡百孔，外遇不過是壓死駱駝的最後一根稻草。

步入愛情的墳墓

聽完蔡小姐的遭遇，再對照著眼前的命盤，我的心底反倒生起了疑惑，「我很好奇，你怎麼會想要結婚？」

「結婚不是很正常嗎，為何有此一問？」

「因為結婚很虧啊……」我繼續探問，「婚前是不是很多追求者，對象一個接一個，結果一結婚就好像被斬桃花，瞬間就一個都沒有了？」

本命夫妻宮有鈴星和貪狼化祿坐守，組成有爆發力的「鈴貪格」，不時會有突然出現的桃花。貪狼主桃花，化祿則是情緣豐富，意味著命主自己常保戀愛的心態，直接提升了感情的成交率，而且空窗期短，不乏談感情的對象。

可惜春光爛漫的好時光，到了結婚的運限，倏地百花凋零，風景轉為凜冽寒冬。

運限夫妻宮有武曲天府和火星坐守，還有多顆煞星沖擊，正是「武火寡宿」的格局。當蔡小姐一結婚，立馬就會接到「武火寡宿」的磁場，不僅桃花全謝，精神上也會有守活寡的孤獨感，儼如喪偶式婚姻。

另外，武曲爲財星、天府爲庫星，重煞之下財庫雙破，此限締結的婚姻同樣不可忽視經濟問題。

蔡小姐緊鎖的眉頭一鬆，忍不住大笑起來。情緒的前後落差之大，讓我一度以爲之前的愁苦是幻覺，「咯咯，對，連男性朋友也自動斷光，我好長一段時間不能適應。」

接下來，蔡小姐娓娓道來過往的荒唐歲月。

蔡小姐素喜繪畫和閱讀，家中堆滿畫作和藏書，深厚藝文底蘊使她在同儕間享有才女之名。由於才華洋溢，再加上個性活潑大方，妝容鮮豔美麗，打從學生時代開始，身邊的追求者就沒有斷過。

根據她的說法，雖然每段戀情都很短暫，但是貴在眞誠。偶爾回味起過往的種種，品嘗到的不是遺憾，反而是盤旋在心頭久久不散的雋永。她一直是這麼以爲的，與其執著相守白頭，倒不如在愛情變質前離開，至少還能擁有一段美好的回憶。

她一直是這麼以爲的，直到遇見了他。

對方經營著一間咖啡館，開口後現代、閉口印象派，簡直就是十大傑出文青。對於熱愛文藝的蔡小姐而言，這樣的男人不啻有著驚人的吸引力。

於是在對方熱烈的追求下，兩人很快就陷入熱戀、很快就見了彼此的家長、很快就被求婚、很快她開始感覺怪怪的……太快了，一切都太快了！她還未探清楚這段愛情能否長久，怎麼一眨眼就要邁入禮堂了？

「愛情很脆弱，感覺變就變了，婚姻並不能保證什麼。」她說。

「既然察覺到不對勁，當初怎麼會被他說服？」

「那時他說，我都活在自己的世界，思想太狹隘了，或許愛情還有其他的模樣。我一時信了他，然後就……」

「步入了愛情的墳墓。」我接下話，換來蔡小姐的一個苦笑。

「付出這麼多還被外遇，為何這種事會發生在我身上，我的感情運是不是很糟？」

蔡小姐臉色一黯，難得的笑容冰消霧散，看得出她很糾結這個問題。

愛情的模樣

「戀愛和婚姻是兩碼子事，你的桃花運很好，只是婚姻不適合你罷了。」

夫妻宮論感情，子女宮論桃花。

如果蔡小姐要天長地久，夫妻宮有貪狼化祿加持，自然不缺對象。可惜夫妻宮不見吉星，缺少穩定的力量，再加上除了鈴星，還有擎羊、地劫等煞星破壞，相處仍會存在種種問題。

同樣是貨源不缺，子女宮則是另一番景象了。

子女宮有日月坐守，並得左輔、右弼、天魁、天鉞、文曲等吉星拱衛，並有祿權科等化曜來會，宮位格局宏大且熱鬧非常。日月又是國際牌，得紅鸞、大耗等桃花來會，也主不乏來自外國的優質桃花。

也就是說，如果蔡小姐只要曾經擁有，不求責任與婚姻，那麼子女宮很支持她談一輩子的戀愛。

「怎麼說？」

「愛情有萬千形式，婚姻只是其中的一種。對某些人而言，婚姻倒是愛情的牢籠，一旦結婚就如同套上枷鎖，來自靈魂對自由的追求反而被束縛。」

「這麼說來，我的婚姻是一個錯誤？」

「如果你著眼在為何這種事發生在我身上，婚姻就是一個錯誤，怎麼想怎麼錯。我認爲生活是最好的導師，你若願意轉換念頭，想的是這件事教會了我什麼，就會走上另一條更好的道路。」

蔡小姐沉澱了半分鐘，終於開口說道：「這件事教會了我，我適合談戀愛，不適合婚姻？」

「恭喜施主開悟了！所以離婚正是上天的禮物，讓你有機會擺脫婚姻的枷鎖，還你本來面目。」

「但是……離婚的妹子不是比較沒行情，會不會離過婚就桃花斬光光，以後就沒桃花了？」蔡小姐道出了心裡的疑慮。

我檢視命盤，本命子女宮桃花盛開，連續幾個運限也是桃花滾滾，「別人不敢說，但你是終生桃花格，妥妥的戀愛發電機，桃花多到我數不來。一來你的電力強，二來願意放電，自然桃花源源不絕。」

「真的嗎？可是我真的一結婚，身邊的男人全跑光耶。就算現在已經離婚了，身邊也沒半個男性朋友。」蔡小姐半信半疑，心底似乎還有離婚的陰影。

「你應該還沒公開離婚的消息吧？」

「嗯，我還沒讓人知道。」

「你的桃花被婚姻封印了，現在封印解除，只要公開消息，應該很快就有追求者。」

「好，我待會兒就上臉書公開！」話一說完，剛才還豪情萬丈的蔡小姐又縮了回去，我看看……今年就會有。」

「呃，會不會今年有桃花，以後就沒有了？」

「老了照樣繁花盛開，可以快樂地談一輩子戀愛喔。」

「如果眞的如你所說，可以談一輩子戀愛，這樣的感情是好還是壞？」

「百花叢中過，片葉不留身，這是何等高深的境界！我也想當發電機啊，奈何實力不允許。」

「再問一個問題，我的桃花到底有幾個？」蔡小姐又問。

「相信自己的潛力，湊齊十二星座應該沒問題。」

蔡小姐臉上的陰霾一掃而空，咯咯笑了起來，「我早就湊齊了。」

哇喔！水準明擺著在那裡，我自嘆弗如，「那就挑戰十二生肖吧。」

「好喔。我不要婚姻了，我要愛情。下一站，十二生肖！」蔡小姐笑靨如花，畏縮不前的豪氣又回來了。

【人生課題】

生活是最好的導師，總會引領我們走上更美好的路。

【我的建議】

不必糾結「爲何這種事發生在我身上」，想想「這件事教會我什麼」，世界會煥然一新。

【她的選擇】

一個月後，蔡小姐從通訊軟體發來一張和新男友的合照。照片上的她換了一頭俏麗的栗色短髮，臉上洋溢幸福的微笑，和先前來論命的形象判若兩人。要不是還保留著之前的對話紀錄，我差點就認不出她了。

這回蔡小姐要預約論命，順便回饋事情的後續。說也奇怪，在她公開離婚消息不到兩個星期，男同事就來約吃飯、合作廠商的窗口也來搭訕，還有以前的老同學也告白了。眞的有一種錯覺，好像一瞬間，那些野生男人全都回來了。

「還會爲那段婚姻而難過嗎？」我問。

「不會，我想清楚了。經歷過那一段，我才能明白自己想要什麼，有機會重新做回自己。」

「恭喜恭喜。所以下次要問感情？」

「對。不過我想先請教一個問題。你上次說我是……發電機，可以談戀愛談到老，會不會忽然桃花沒了就變孤單老人？」面對未來，她忽然不安起來。

「如果非要在桃花運上加一個期限，我的答案是一輩子。」

本店童叟無欺，說好了是終生桃花就是終生桃花，品質不打折。

第二十張命盤：中繼站

中年危機

宋先生在家待業好幾年，在朋友陳小姐的推薦之下，前來詢問工作的著落。求職的過程中，履歷猶如石沉大海，很多工作連個面試通知也沒有。期間也曾做過兩個工作，但是因爲種種原因沒過試用期，現實的挫打比想像要殘酷。尷尬的年紀、見底的存款、飄渺的工作，在在令他意識到中年危機比想像中更快來到，正悄無聲息地迫近眼前。

「沒公司要我……我從未想過自己會有這一天。」宋先生語氣頹喪，現實早已磨平他的稜角。

爲了避免宋先生做太多無用功，我對照星相收束了求職範圍。大限官祿宮正坐地空、地劫，典型的波動相，又有鈴星、擎羊的衝擊，加劇了工作不穩的現象，此限想靠自己找到好工作，恐怕難度頗高。

另外，大限命宮天相坐守，收齊六煞，來到一個充滿壓力和焦慮的運程，估計會有叫天天不應、叫地地不靈的感觸。所幸巨門化祿使天相成爲「財蔭夾印」，有外力支持脆弱的天相，大命又是坐天鉞向天魁，正是「坐貴向貴」的格局，盤勢雖惡但仍有貴人來助，黑暗中倖存一線光明。

流年命宮有紫微破軍坐守，同樣是「坐貴向貴」的格局。如果礙於經濟壓力，今年非得要找到工作，還是得從人際著手。

運程險惡，靠自己不如靠別人，找到貴人是唯一的生機。

「今年的工作多從既有人脈而來，不妨向親戚朋友打聽機會，或者考慮回鍋以前的老東家，下一個工作應該很快有著落。」

「回鍋……」宋先生喃喃低語，露出為難的表情。

「有問題嗎？」我問

「問題很大！」

被宋先生一說，反倒勾起我的好奇心。在我的追問之下，他娓娓道出那些過往的離職原因……

做事簡單做人難

上一份工作，宋先生在大伯的公司擔任經理，離職原因是人事問題。

晚輩遲到曠勤管不動、長輩親戚不能管，同輩親戚不服管……由於是家族企業，同事和員工多是親戚，在人情凌駕於制度的環境裡，人事問題始終尾大不掉。

員工一出問題就找老闆開脫，老闆總會很仁德地大赦天下，久之公司制度形同虛設，各項積弊沉痾難返。日子一久，宋先生做得身心俱疲，最後選擇了離職。

聽到這裡，我觀察運限的田宅宮，看看裡頭究竟是什麼故事。

田宅宮主一個人最常待的空間環境，於上班族也主公司的氛圍。田宅也主家族，命主能否得到家族的助力，田宅宮是重要的觀察指標。

大限田宅宮有太陽化權和文昌化忌坐守，對宮有太陰和文曲化科來拱。太陽爲自尊，化權爲爲了形象會放任員工不守規矩（文昌爲體制，化忌爲不遵體制）。太陰爲蔭星，手肘向內特別照顧自家人，文曲化科更主長情，護短護得很有人情味。

即使大限田宅宮有家族企業的通病，但是好在有忌無煞，意味著公司是非多了點，倒是沒有很實質的破壞力量。

此外，流年官祿宮正坐廉貞化祿，今年找工作的契機在廉貞。廉貞主血親，間接指向回鍋家族企業不失爲一個求職方向。

「公司亂歸亂，只要還能營利和運作，這個薪水袋就可以拿。」我說。

「要回鍋就得管人，可是公司裡很多親戚，實在是不好管人……」

「你不用做到一百分，六十分就夠了。」爲了讓宋先生清楚背後的邏輯，我進一步解釋，「你大伯開公司是開健康的，爲的是享受親戚朋友們尊敬他的感覺，所以公司亂不亂無所謂，過得去就好。大伯知道你的難處，不會爲難你。」

「就算大伯讓我回鍋，我在他心裡也是黑牌了，以後很難升遷發展，職涯差不多僅止於此了。」

「我看大伯也歡迎你，你回去算幫他一個忙。」我看流年田宅坐太陰和文曲化科，如果今年回到家族企業，依然感受得到大伯愛護族親的人情味。

「就算我沒有黑掉，還有親戚這一關。如果我回鍋，他們一定會挖苦我。」宋先生輕嘆一口氣，臉上表情一言難盡。

「發你薪水的大咖都不在意了，你何必在意那些小咖？」

「哎，你不知道他們有多碎嘴……」

接下來，他盤點親戚們講話多麼惡毒、行事多麼糟糕，不難看出宋先生積怨已深。眼見親戚豐功偉業太多，宋先生的抱怨沒有盡頭，我決定調轉槍頭，改從其他老東家切入，「你說上間公司不能回鍋，那麼上上一間公司呢？」

「不行，老闆很摳門！」

「上上上一間公司？」

「也不行，同事太機車……」

整個論命過程，他歷數過往老東家的不是，然後一直開除自己，就是不肯邁出步伐去接洽。

眼見論命時間已到，爲了不耽誤下一個客人，我打斷他的滔滔不絕，給出最後的溫馨叮嚀，「不需要預設立場，那些老東家未必對你有惡意。如果他們接受你回鍋，這就意味著他們需要你，你不妨給彼此一個機會。」

宋先生點了頭，不再多說什麼，論命在一片靜默裡結束。

成功不必在我

大約十幾天後，我接到客戶陳小姐的來電。

「老師，你記不記得前陣子有位來論命的宋先生……」

透過陳小姐的敘述，我很快恢復記憶，原來他是陳小姐推薦過來的客人。

「記得，怎麼了？」

「他在外面說你的壞話，我懷疑其中有誤會，所以來求證……」陳小姐俐落道出事情的始末。

就在一小時前，宋先生向陳小姐推薦一位命理師，稱讚對方說話很療癒，還給他一些找工作的好建議。對談之中，陳小姐問起之前他在我這裡算得如何，宋先生表示只能給一顆星。理由是我話說的不多，感覺很敷衍，而且給的建議派不上用場，和他剛才推薦的那位命理師相比，簡直天差地遠！

「在我的印象中，你論命很認眞，都會給建議方案，爲何他說你敷衍？」

「沒記錯的話，那天他幾乎都在抱怨，沒留給我多少時間。」我實話實說。

眞相揭開，兩人無語了幾秒鐘。

「那次論命，你給他什麼建議？」陳小姐又問。

「請他多向親戚朋友打聽工作，或者問問老東家能不能回鍋。對了，那位命理師給他什麼建議？」

「一樣。」

眞相揭開，兩人又無語了幾秒鐘。

「對不起！我不知道他會這樣，給你帶來困擾了。」電話裡，陳小姐忙不迭地道歉。

「一點也不困擾，我還要謝謝你幫我介紹生意。」

「你眞的不生氣？」

「一點惆悵是有的，生氣倒是沒有。」我怕她多心，繼續解釋說了，「一個靈魂的救贖會經過許多人的接力。我不必是終點站，也可以是許多中繼站的其中一個。」

「終點站可以得到救贖，中繼站又有什麼作用？」

「這要看是哪一種中繼站。若是轉運站，便會引導他到更好的地方；若是休息站，也能讓他喘口氣。」

「老師是哪一種？」

「我對他來說，應該是休息站吧。這麼說吧，情緒宣洩也是一種療程，如果他的情緒得不到宣洩，下一個接棒的人說不定還得處理那些情緒，屆時未必幫得了他。」

「老師，你是我的終點站！」

「這是我的榮幸。」

打氣來得如此突然，我心底的一丁點惆悵猶如春陽融雪，一下子就消弭不見了。

【人生課題】

石頭在路上不是爲了絆人，而是它就在那裡。

【我的建議】

頭顱因驕傲而抬起，也可以因豁達而低下。

【他的選擇】

不到一週，我收到陳小姐的通知，原來宋先生找到了工作，重回大伯的工廠上班。
只要勇敢邁出了那一步，屆時會發現世界對我們很好，善意永遠多於惡意。

第二十一張命盤：合夥賺錢有祕笈

牛怎麼叫

這次的個案是鄒先生，目測年齡約六、七十歲左右。他的老伴隨行在場，看起來約莫五十歲，看起來比丈夫要年輕許多。在確認要論命的是鄒先生之後，我請對方提供出生時辰。

古早時候，並非每個孩子都是在醫院出生，很多時候是請產婆來助產，甚至連一紙出生證明也沒有。由於缺乏紙本的精確紀錄，許多老一輩的人並不清楚自己的出生時辰，頂多是根據母親回憶的片段，得到雞鳴的第三聲呱呱落地、太陽下山後十幾分鐘出生之類的模糊線索。

就在我遐思著對方會不會也不確定生辰，說出是竿影最長或早上第一聲雞鳴出生時，沒想到眞是擔心什麼就來什麼，鄒先生說了，「XX年XX月XX日，至於出生時間是……我記得我媽說是清晨牛在叫的時候，忘了是叫第二聲還是第三聲？」

我遇過雞鳴和狗吠，牛叫還是第一次遇到，鄒先生的生辰也算是清新脫俗了。話說，牛怎麼叫？彰化牛和台南牛叫的時間會一樣嗎、水牛和黃牛有差別嗎、山地牛和平地牛是幾點開始叫……

很快地，我打破妄念開始定盤，直接列出從夜晚到早晨的幾個時辰，總共列出三張命盤。

我詢問了過往的資訊，得知鄒先生是老台商，曾經吃到產業西進的時代紅利，很長時期往返兩岸爲生意奔波。根據鄒太太的說法，鄒先生經常坐飛機，護照往往加頁加到加不下才換護照，一共換了五本，半生都在搭飛機，說是空中飛人也不爲過。

有現象就有星相，我對照三張命盤，只有一張符合如此強烈的驛馬相。

命宮是天機太陰坐守，此命易出外離鄉背井。遷移宮又是火星獨坐，正是「火星遷移位，長途寂寞」的格局。結合鄒董資深空中飛人的資歷，我就以此作爲鄒董的命盤。

火星獨坐的出外運有個特點，並非常駐在外，而是去了還得返回，確實對得上多本加頁護照以及根留台灣的現況。

「這就是你的盤，想問什麼？」我說。

鄒董還未開口，身旁的鄒夫人一臉急切，搶先開口問了，「財運有什麼要注意的？」

我盯著命盤上最兇險的宮位，忍不住耳提面命，「千萬不要合夥！這張盤自己做生意會賺，合夥就不同了，投多少賠多少。」

兄弟宮是合夥的重點宮位。此盤兄弟宮有天府財庫坐守，但是遇到地空、地劫、陀羅等三個強盜來搶劫，財庫破了大洞。一旦合夥就是肉包子打狗，再多錢都是有去無回。

本命兄弟宮很醜，此限兄弟宮又跟著醜二一。搞合夥的先天不良，後天也失調，我眞心建議鄒董別跳火坑。

「不能合夥是先生說的，不是我說的喔。」鄒夫人嘴角上揚，掩藏不住燦爛的笑意。一旁的鄒董則是臉色鐵青，明明是主角卻悶悶不語。

「就算走財運也不能合夥嗎？」鄒夫人又問。

我搖搖頭，「這個命格最好是不要合夥，走不走財運都建議不要，否則很容易出現一些離奇的事情。」

「例如？」說話的同時，鄒夫人的眼角瞥向鄒董，彷彿是問給鄒董聽的。

「例如合夥不賺，一拆夥就開始賺；或者合夥一賺錢，股東就逼退股；或者一合夥，股東就找機會跑路……」講到後面，我有種在講鬼故事的錯覺，彷彿自己在講述某一種古老的詛咒。

「他可以借錢給人賺利息嗎？」鄒夫人問。

「還是別借的好，怕是會賠光本金。總之，不要借錢，特別是親兄弟……」

我的話未完，鄒夫人的笑聲就咯咯揚起。她輕輕拉了鄒董的衣袖，笑說：「還未開始問，底就被摸清了，你還要問什麼？」

「……」鄒董臉上的曲線複雜，我看不出是什麼表情。

見我還在雲裡霧裡，鄒夫人向我解釋起事情的原由。原來，鄒董的朋友邀他合夥開公司，他本人躍躍欲試，鄒夫人卻持反對意見，兩人為此有過多番爭執。今日前來論命，就是要聽聽不同的觀點，或許可以啓發他們產生新的想法。

不過，聽完鄒夫人的回饋，我大概能理解爲何她會大力反對了。

散財童了下凡塵

即使鄒董在一旁生著悶氣，腮幫子鼓得老高，也絲毫沒有打斷鄒夫人談話的雅致。就這樣，鄒董的一生從她口中舒展而出。

鄒家清寒，供不起孩子讀書深造，因此小學一畢業，鄒董就搭車北上，孤身來到台北當工廠學徒。由於勤懇、苦學又實幹，鄒董的手藝突飛猛進，而且深得老闆的信賴，沒幾年就被正式提拔爲師父，年紀輕輕就得領高薪。

在那個年代，資深師父脫離老東家，出來開工廠是社會常態。當時有一位老師父看中鄒董出色的手藝，鼓吹他一起出來合夥創業，兩人一拍即合，鄒董因此從員工晉身爲老闆，殊不知開工的同時，也開啓了一段漫長的寒冬。

鄒董很不走運，開廠沒多久就碰上第一次石油危機，景氣掉到谷底，產品根本賣不出去。兩個股東四處借錢咬牙苦撐，慘澹經營了六、七年，未料又遇上第二次石油危機，客戶不是跳票就是跑路，連帶造成工廠周轉不靈。兩次石油危機嚇壞了股東，不顧鄒董的苦苦挽留，他堅持退股，留下鄒董獨自面對工廠的龐大債務。

說也奇怪，兩個星期後，命運彷彿要和前股東對著幹似的，訂單竟如雪花般湧入工廠。不到三年時間，鄒董還清債務，並且購置了新廠房，果然是「合夥不賺，一拆夥就開始賺」。

一九八〇年代後期，國際熱錢湧入股市，炒股成爲全民運動，連帶也使房價年年翻漲。鄒董對火熱的房市心癢不已，正好有朋友邀約集資蓋房子，於是他又踏入合夥這條路。起初幾個建案還能小賺一筆，等到要搞大案子的時候，股東竟然連夜捲款跑路！投下重本的鄒董血本無歸，欲哭也無淚了，確實是「一合夥，股東就找機會跑路」。

一九九〇年代，台灣社會越趨繁榮，民生娛樂的需求大增，看在逐利的商人眼中，簡直是遍地商機。鄒董在商場上結識許多朋友，其中不乏想找鄒董做生意的人，往往鄒董腦波一弱，輕易就隨了他們合夥做項目。

那段時期，從釣蝦場到保齡球館都有人找鄒董合夥，奇怪的是拿了幾次分紅之後，執事者不是變相增資，就是帳務呈現奇妙的虧損，直到鄒董退股之後，公司又不增資了，帳面也變得有賺錢。幾次詭異的合夥經歷，冥冥中應驗了「合夥一賺錢，股東就逼退股」的魔咒。

鄒夫人又講了鄒董的一些故事，時間軸橫貫數十年。雖然名目上講的是鄒董的合夥史，但是商人逐利貼合社會脈動，聽在我耳中倒像是一部台灣經濟史。

面對老公血淋淋的反指標體質，鄒夫人是眞的嚇怕了，每次又有朋友邀合夥，她一定出面大力阻擋。無奈鄒董的頭很鐵，朋友虐我千百遍，我待朋友如初戀，十來筆合夥案都沒有好下場，至今仍然學不乖。

「他喔，根本是散財童子！合夥賠不夠，借錢賠來湊。」鄒夫人講到氣頭上，又道出了鄒董的黑歷史。

鄒董在賣貨上是師父，收錢則是徒弟。往往出去收欠款的時候，他一見到對方落魄就軟手，還會幫對方出孩子的學費、水電費和房租。最誇張的一次是遇到其他債主上門逼債，起手動腳好不駭人，鄒董一個心軟居然出錢幫忙還債……反正只要他去收錢，錢未必收得回來，倒是新的欠條越收越多。

「話不能這麼說，總不能眼睜睜看人家妻離子散、家破人亡吧……」鄒董忍不住了，出來爲自己辯解幾句。

「我已經看破了，就把那些呆帳……把那些欠條用一個大紙箱裝起來，將來我另有大用。」

鄒夫人說得煞有其事，成功勾起我的好奇心，「欠條換不到錢，你要拿來做什麼？」

「這麼做不一定對，但我是這樣想的。等他離開的那一天，我就把欠條摺成蓮花燒給他，看在這麼多布施功德的分上，觀音一定會親自派蓮台來接引，這麼做也算是功德圓滿了。」

鄒夫人的表情認真，看來不是玩笑之語，我仔細一想，也覺得鄒夫人所言在理。每一張欠條都是真金白銀的布施收據，全是鐵打的功德，鄒董不登蓮台誰登蓮台，而且還會是專屬的VIP蓮台。

「你也太誇張了！講什麼功德，又沒多少錢……」

「那一箱可值錢了，光是你哥那一張就值三千萬。」無視鄒董的反駁，鄒夫人淡淡回應，同時也應證了「不要借錢，特別是親兄弟」的前言。

至此，我終於明白鄒夫人先前所言，底被摸清是什麼意思了。早在正式論命之前，我就說完散財童子的一生了。

科學的角度

鄒夫人提醒丈夫，願賭服輸，要他對合夥斷念。誰知鄒董不照套路走，反而開始大聲起來，「別人可以當便宜老闆，憑什麼我就不行，我不甘願啦！」

「賭輸就翻桌，這樣好嗎？」鄒夫人語氣平淡，臉上卻是冷峻。

「我不是在翻桌，只是……」鄒董沉吟了一會兒，對著我說了，「我不懂算命那種玄學，所以他講的是眞的、還是猜中的，根本沒辦法證明。除非，他從科學的角度，解釋爲什麼我不可以合夥，講的在理我就接受。」

「我是命理師，你確定要我講科學？」我再次向他確認。畢竟花錢請命理師不要講玄學，而是要講科學，這種要求我還是第一次聽到。

「你講講看，是好是壞一回事，我做個參考。」鄒董大方回應。鄒夫人在一旁扶額，已經不想理會先生的賴皮了。

「從科學的角度來說，合夥生意確實難做，要在公司裡卡到好位置才好賺錢。最好的位置有三個：拿公司的薪水、收別人的回扣、賣自家的產品。」我逐條說明，試圖以科學來說明合夥的原理。雖然要命理師講科學，本身就不是一件科學的事……

拿公司的薪水，概念是把合夥當作創造一個薪水袋，通常要占據高薪職位。不管公司賺賠，反正我就當一隻肥貓，坐越久領越久，等到領薪總額超過入股金，之後多領都是多賺的。

收別人的回扣，概念是把合夥當作創造一個紅包，通常要占據採購職位。不管公司賺賠，反正我只管每次採購收回扣，買越多抽越多，等到薪水和回扣總額超過入股金，之後每待在公司一天都是賺。

賣自家產品，概念是把合夥當作創造一個客戶，通常我未必要在公司占據職位，但是要自己另外有一間公司。不管合夥公司賺賠，反正這間合夥公司都要向我的公司採買耗品、原料或產品，買越多我就賺越多，等到銷售利潤超過入股金，之後每條銷售都可視爲額外的橫財……

當我一說完，鄒夫人就發難了，「貓面仔當總經理，一個月領十萬；阿松做採購，油水自己抽；公司的機器都向王仔買，他穩賺不賠。你看，大家都占好位子，你去只有當肥羊被宰的分！」

彷彿受到極大的震撼，鄒董瞪大眼睛不再反口，看來這回是科學的大勝利？

【人生課題】

靠山山倒，靠人人跑，靠自己最好。

【我的建議】

靠朋友不如聽老婆的，聽某嘴大富貴。

【他的選擇】

再次遇到鄒夫人，已經是很久以後的事了。當時，她來問開刀的佳期，也分享了丈夫的近況。

鄒董不再鬧騰要當便老闆了，每天爬山泡茶，退休日子過得逍遙自在。有一回，朋友又來慫恿合夥，鄒董果斷拒絕，這可把她給驚呆了。她深知丈夫對朋友比對爸媽好，如此不留情面的對待可謂破天荒，至少她是第一次見到。

事後，她問丈夫爲何轉性。鄒董回說他想通了，自己一直在交壞朋友，現在不想跟他們親了，要親也是和你親……不知爲何，現場的畫風丕變，從話家常變成了兒少不宜的老人放閃。想轉台，奈何遙控器不在我的手上。

總之，一天又平安地過去了，感謝鄒夫人的努力。

第二十二張命盤：塵緣未了

以前常會在古裝戲看到一個橋段：一個人跪在廟前，懇求住持為他剃度出家。住持說了一句「施主塵緣未了」，接著就打發對方離開了。

每次看到這個橋段，我總是困惑不已，住持是懂面相還是有神通，不然怎麼知道施主塵緣未了？直到後來見識的命盤多了，稍微可以體會住持的心情，這才明白「塵緣未了」的眞面目。

荷包破大洞

孫小姐是我的大學學姐，目前是家庭主婦，平日也會做點小買賣賺外快。最近她總感到手頭緊迫，所以想要開發副業，爲此特別來問財運。我惦記著曾經收過她一些小禮物，所以特別聲明，此次論命不收潤金，當作是給她的回禮。

徵得她的同意之後，我打開論命程式。畫面出現一張格局清晰的命盤，特點是有一個破洞的荷包，以及深厚的修行緣分。

財宮有祿存和地空、天空等空曜同坐。祿存主財，空曜主強烈的精神色彩，對祿星有強大的破壞力，當兩者湊在一塊，經常因爲善良、價値觀或宗教等心態而散財。彷彿荷包破了洞，錢一進來就漏出去，存錢不是抓小放大，就是僅止於口號。

命宮有天府坐守，對宮七殺來拱。天府主守成，七殺主進取，觀察府殺兩者的連動，就能知道一個人的進取心態如何。

七殺見到火星、天刑、地劫、大耗，見齊煞刑空耗，意味七殺因為挫折感到人生虛幻，往往成為遁入空門的契機。

如果故事止步於此，孫小姐了斷塵緣，一心當個修行人或社工，倒也不失為一樁美事。偏偏天府見到祿存，當斷未斷又起興財之心，終究還是眷戀塵緣。

由於命盤的特性，孫小姐的修行狀況與財運息息相關，於是我暫時擻下副業的討論，轉而詢問起孫小姐的修行，「你的修行緣分很深喔，有宗教信仰嗎？」

「我信佛教，不是只有拿香拜拜喔，我有正式皈依。平時有做日課的習慣，在家就是供佛禮拜，有空就到廟裡做志工。」一談起宗教，孫小姐頓時容光煥發，言語間不時透露出對宗門的自豪，「對了，不是要看財運嗎，怎麼講到修行？」

「你的荷包破了一個洞，我確認是不是破在……修行？」

根據孫小姐接下來的回饋，除了基本的家用開銷之外，她手頭的閒錢常會捐助公益，或者隨手幾百上千地捐到廟裡，因此戶頭數字很少有成長。簡單地說，她若不是在捐錢，就是在捐錢的路上。

「賺到錢、留下錢，這是全套的賺錢流程。如果一賺到錢就把錢放生，這是做半套，你不理財，財也不會理你。」我說。

「可是錢是身外之物，得到地上的就會失去天上的。」她的話讓我一瞬間混淆了，不確定她是來問財運或修行。

一眨眼，話題跳到了副業。

我協助孫小姐調整副業方案，過程中她賺錢的野心越發火熱，隨即又問起晚年能否賺大錢當富婆……

「不要溫馴走進那良夜，老年應當在日暮時燃燒咆哮」，這是狄倫．托馬斯的詩，此刻在我的眼中，孫小姐早已把自己活成詩中的人物。相對於退休只想躺平耍廢的我而言，她實在是太耀眼了，不過……

「只要肯做，晚年仍然有賺錢機會。可是，如果荷包的大洞不補，依然是賺多少捐多少，致富終究是一場夢。」

接下來，我分享了一個故事。

地方發大水，神父爬到教堂屋頂。危急之際，水面漂來一條橡皮艇，上面的救難人員伸出手救援，沒想到神父說上帝會來救他，於是拒絕了救難員。未久，又來一架直升機，放下梯子要救人，神父說上帝會來救他，再度拒絕上機。最後，神父被大水淹死，在天堂遇見上帝。

神父問上帝，他如此虔誠，爲何上帝不救他？上帝回說，我派了橡皮艇和直升機去救你，爲何你不願意救你自己？

「同理，上帝派了客戶給你錢，爲何你不願意致富？」我問。

或許是從未思考過這個題目，孫小姐陷入了沉思。

金錢無善惡

「金錢是一種能量，不該視爲一種罪惡。所以得到地上的，也不會失去天上的。」見孫小姐遲遲不語，我直接破題，「如果你將金錢視爲罪惡，不願把錢留在身邊，一直推給別人，那麼上帝灑再多錢、派再多的直升機，也拯救不了你的經濟。」

「可是我記得，得到地上的就會失去天上的……」

「除非失去信仰。」我進一步解釋道：「有理性，合理開源節流，就能得到地上的；有信仰，人就不會爲非作歹，必不會失去天上的。」

「所以我是？」孫小姐問。

「有信仰沒理性。想要致富，第一步是合理規劃財務開支，不能有了信仰就失去理性。否則左手賺錢，右手把錢全部捐掉，然後滿心期待上帝不斷送錢讓自己致富，這不是爲難上帝嗎？」

「其實，我賺錢是希望行菩薩道，布施幫助更多的人。」至此，孫小姐道出了賺錢的動機。不只是爲自己，更多的是利益人間。

「佛要你當菩薩，沒要你當泥菩薩。如果眞是爲了世間奉獻，我建議不要強求布施的數額必須達到多少，改以『捐得快樂』取代『賺得多』的心態。否則行菩薩道的過程中，如果產生了『求不得苦』，那就背離宗教使人解脫煩惱的初衷了。」

「我再想想，這和我所知的教義不同。」

「上帝不要你苦行，不要你貧窮，只要你豐盛。自始至終，在追求天上的同時，上帝就沒要你失去地上的。」

「時間差不多了，今日謝謝你。」孫小姐起身道謝。

「對了！我們說好了，這次論命不收費，也不要給禮物或爲我花錢。錢很香的，要學著把錢留在身邊喔。」論命已到尾聲，這是我最後給她的建議。

若是一心汲汲營營，尋求名聞利達，此身便是紅塵中人；如果一心不亂，尋求解脫煩惱，出塵之人更多幾分脫俗；就怕此身僧道清閒，偏又心懸紅塵事，塵緣未了徒增無窮煩惱。

塵緣未了，那就善了。我默默祝福孫小姐，回去能想通一切，然後補好荷包的破洞，好好過日子。

【人生課題】

金錢不是罪惡，上帝願你豐盛。

【我的建議】

佛說悲智雙運，有信仰也要有理性。面對布施，以「捐得快樂」取代「賺得多」的心態；面對財務，不能毫無保留捨己爲人，必須合理規劃量入爲出。

【她的選擇】

論命結束不到兩個小時，孫小姐就傳來簡訊，表示已經以我的名字在廟裡安了一座光明燈。咦，說好的不花錢呢、說好的把錢留在身邊呢？

驚愕只維持了三秒鐘，我立馬就釋然了。好吧，自己送上門的光明燈很香，而且我相信她一定捐得很快樂。

第二十三張命盤：白堊記作家

以前常有讀者問我，靠寫作賺錢，是不是一門好生意？或者辭職專心寫作，是否更容易在文壇獲得成功？也有作家面臨現實與夢想的拉扯，特別來問我該不該繼續堅持寫作……

每個人的條件不同，不可一概而論，自然沒有標準答案。不過，對於那些有志以寫作爲業的人，或許夏子的際遇能給他們一點啓發。

文學已死

夏子是一位青雲早發的作家，小說一本接一本地出版，還拿過幾個文學獎，甚至解鎖了海外書展和異國出書等成就，才華出眾無庸置疑。在一次的偶遇中，我們得知了彼此是同業，自此開啓了以文會友的情誼。事實上，我從交流中收獲許多，其中影響我最深的一件事，莫過於她讓我知道「文學已死」。

雖然同爲作家，但是兩人的屬性大不相同。我寫的是通俗小說，講究的是故事精彩，讀者看得酣暢淋漓；夏子寫的是文學小說，講究的是人物經營，藉以勾起讀者思考。

我尤其喜歡文學小說裡，種種把人物解構、變形、再造的文字處理，重組的畫面魔幻華美，意境如夢似幻，有時看得我非得闔上書本，直至澎湃的心潮已然平復，這才能夠繼續翻閱。正因爲我還懷抱著文學夢，以致於前幾年仍在著手報考文學研究所，希冀有朝一日也能寫出那般詩意的作品。

就在我要報考研究所的前夕，夏子邀請我參觀她的私人藏書，據說書單完整包含了她從小到大讀過的小說。那間小小的密室裡塞滿書籍，猶如一件件寶藏在洞穴裡透出晶亮的光，接著一個大祕密赤裸裸地攤在我的眼前。

文學、文學，還是文學，儼如小型圖書館的斗室內只有文學小說，夏子的閱讀是那般純粹，以至於放入一本通俗小說的餘地也沒有。對我而言，文學只是我閱讀的百分之一，對她而言，文學是生命的全部。至此，我算是徹底看清文學不是習得某種技法，其本質是一種日積月累的閱讀涵養，深深浸潤到骨子裡，直至成爲了寫作的基因。

看透了這一點，我中止報考研究所的計畫，因爲文學是學不來的。作家寫出文學小說的原因，不是他們習得了什麼文字技術，只會是骨子裡有文學的DNA。至此，我很清楚自己的文學路斷，往後文學就當閱讀興趣，不會是寫作路線。

做出決定的當下，我以爲會有失去夢想的痛苦，但是並沒有，相反地有股如釋重負的輕鬆感。若是深究爲何如此，大概是因爲追逐星辰壓力山大，仰望星辰則輕鬆多了，還有更多閒逸附庸風雅。

那一天，我興奮地宣告文學已死，明亮的夏子倏地黯淡下來。直到指間的一根菸燃盡，夏子熄了菸頭，感慨道文學真的死了，她感到前所未有的茫然。

同樣一句「文學已死」，對我而言是擺脫執念重獲新生，對她來說卻是山窮水盡，宣判人生死刑了。

作家的兩難

出版機會稀薄、紙本書的市場也逐漸崩壞，除非極少數的天選之人，否則寫小說實在賺不到錢。如果不是很有愛，很少有人會以此爲業。

夏子年少出道，在小說創作的路上走了二十年以上，一心想成爲文學大家，她就是那個很有愛的人。

她出生在小說年銷破萬本的文學盛世，出道於小說銷量低於三千本的衰世，來到了目前印量僅有甚至不足一千本的末世。一路走來，立於街坊的書局一間間倒閉，兇險景象看得她心驚肉顫，各種產業數據和出版銷量再再提醒著她，已經沒有人閱讀文學小說了。

在那個電視轉來轉去只有老三台的古老年代，正是文學大鳴大放的白堊紀，小說家則是橫行的恐龍，盡情享受末日來臨前的最後狂歡。直到網路普及，海量影劇、動漫、手遊和影片瓜分了人們的目光，文學小說自此勢微。

不被時代所需要，這就是夏子的煩惱。

「爲什麼沒人看小說了？」夏子提問，但我心底有個感覺，她其實已經知道答案了。隨著時代巨輪的無情滾動，文學小說家猶如絕種的恐龍，被世人遺忘在遙遠的白堊紀。

「或許大家只是不愛看文學小說。」我說。

「如果連讀者也沒有，作家寫作的意義又是什麼？」夏子緊揪著胸口，發出嗚咽般的悲鳴，「欸，我好痛苦！你能懂得我的悲傷嗎？」

「你是指書寫了沒人看，感受不到寫作的價值？」

夏子點點頭，不作聲不抬頭。

我繼續說了：「如果不寫了，重新邁向新的人生，如此行徑彷彿在停損，承認過去那段寫作的歲月是個錯誤。意識到過往竟有一段漫長的青春毫無價值，連帶也會覺得自己的人生很沒用……」

「你怎麼知道！」夏子驚訝看過來，我猜自己大概是說中了。

「我也經歷過這一段。」寫或不寫，我也有過一樣的徬徨。

「我會繼續寫下去，可是一想到人生白走一大段路，我就好痛苦……而且，光是想著寫到生命的最後一天，我就無比迷惘，循著末路走向盡頭，終點的風景會很糟糕吧……」

「答案因人而異。飛蛾眼中的火燄，說不定是美麗的末路？」

夏子自顧自地啜著咖啡，似乎在消化剛才的對話。未久，她仰起頭，眼中迸發著熾烈的光亮，「幫我算算，我會走向美麗的末路，或是毀滅的盡頭？」

人生不空

每每望著命盤上的滿天星斗，我感到莫名的安心，許多想不清道不明的問題，往往能夠得到指引。遙想以前在海上航行的水手，仰望浮於夜空的星海羅盤，大概就是這樣的心情吧。

在命運的亂流裡、在夏子的命盤上，我看到一條清晰的海路。

夏子剛步入新的大限，大命空宮，心無主見，此限難免感到迷茫找不到人生方向。因此找到該做的事，將是啓動運程的開關。

大限遷移有生年天梁化科暗合運限左輔化科，盤勢文星匯粹，再見紅鸞、天喜、天姚等桃花星扶助藝文發展，大利文藝揚名。

大命借入對宮蓬勃的科文星相，來會的天魁天鉞也帶來揚名的際遇，是文人所喜的運限。

雖然前有大道，過程卻稍嫌迂迴。天梁主遇難呈祥，化科主理想化，又有火星、地劫增加理想轉爲收獲的曲折，倒也不是一帆風順。

整體看來，前方不是末日廢土，竟是曲徑通幽了。

「該不該寫下去？取決於寫作之於你，究竟是該做的事或想做的事。」我說。

「兩者有何不同？」她問。

「做好該做的事，精神快樂、物質豐盈，人生順風。一旦順風，想做的事也會跟著順風。」

「不能只做想做的事嗎？」

「如果想做的事恰巧是該做的事，那是天大的幸運，人生必然順風。如果兩者不是同一件事，這就意味著可能沒做好該做的事，人生將會逆風，就連做想做的事也會跟著翻船。」

「我現在的狀況是？」

「還未做好該做的事。」我說。

見她尚未反應過來，我試著換一個角度解釋。

如果現在所爲和過往的經歷沒有交集，那麼現在和過往的人生就形成了空集合。一旦形成空集合，有些人會認爲其中一段經歷是無用的繞遠路，因此否定了那段經歷，從而否定部分的自己。夏子的徬徨，便是來自於那個人生的空集合。

我建議她找到該做的事，航行另一條新的海路，就算偏離文學家的軌道也無需嘆息。只要人生順風揚帆，想做的事也會順利，那些曾經爲文學創作的努力不會白費，或許會成爲推動船身的洋流、鼓動大帆的勁風、引領航路的海鷗、抑或是停泊港口的補給，以種種意想不到的方式和旅程產生交集。

順風底下的每段經歷都有其意義，單獨看或許是空集合，但是組合起來就能交織成某種美妙的方程式。

我告訴夏子，地球是圓的，所以人的一生不會是直線，總會走得兜兜轉轉。人生沒有空集合，她一生的每段奮鬥都有其意義！

「我好、啊啊啊，我好開心！啊——」聽完我的說詞，夏子激動得跑來跑去，手舞足蹈地咿咿啊啊，興奮得連話都說不好了。

【人生課題】

該做的事帶來順風，想做的事帶來快樂。

【我的建議】

做好該做的事，想做的事也會跟著順風。

【她的選擇】

隔年，夏子約我喝咖啡，分享彼此的近況。

「你還在寫小說嗎？」我問。

「沒有。我沒急著動筆，因爲想擺脫以前的風格，嘗試寫一些溫暖人心的作品，類型不限於小說。」夏子稍作停頓，又說了，「最近我發現畫畫可以找到不少靈感，心情也變得愉快，所以想畫一陣子，說不定對下一部作品有更多的啓發。」

「聽起來很棒！沉澱有助於萃取更好的作品。」

下一刻，我沒得及點餐，她就一股腦地分享近況，聊起自己這段期間的奇遇。

在一個偶然的機會下，夏子參觀了友人的工作室，無意間對幾個後製的影像提出看法。友人依照她的意見重製了影像，畫面竟然處理得更有味道！見識到夏子的才情，友人開口邀她合作，兩人於是變成了工作夥伴。

「做得快樂嗎？」

「很開心！想到我的意見可以幫助別人，還能賺一點外快，覺得自己變得更有價值了。」

見她興奮不已，我忍不住調侃，「從寫小說到後製，你跨行的腳步也太大，根本是劈腿了。」

「從以前開始，我寫小說就很注重畫面經營和鏡頭感，只是沒想到可以用在這裡。地球真的是圓的，彎彎繞繞又回到了起點。」

夏子拿起桌上的水壺，爲我的杯子斟滿水，「你可不可以幫我算紫微斗數，看看我現在做的，是不是該做的事？」

「你現在人生順風，快樂又有錢，我不用看紫斗就知道是了。」

「Yes!」夏子興奮握拳，像是船長找到了偉大的航道。

我翻開菜單，瞥見上頭標示的雞腿簡餐，不禁會心一笑。

文學是骨子裡的DNA，從未離開過夏子，不過是兜兜轉轉，以另一個方式書寫人生的新頁。就如同恐龍從未滅絕，而是走出新的進化路徑，化身爲餐桌上的雞，以另一種面貌和世人相遇……而且更美味。

第二十四張命盤：如果當初

如果當初我這麼做，人生會不會有不同的結局？
如果當初我不這麼做，現在會不會過得更好？
如果當初……眞的有如果當初嗎？

那些「如果當初」之一：父親欠我一個栽培

A是一位OL，每次見著同期的公司同事高升，總是不由得心生羨慕。她說，年輕時曾經多番拜託父親讓她留學美國，無奈父親吝嗇成性，往往談到學費就不了了之，留學也就沒有下文。由於父親太吝嗇，妻子、兒子、女兒甚至會背著他一起偷偷吃好料，因爲只要父親在的一天，就不存在吃館子這種花錢的事。

事隔多年，A仍舊對留學之事耿耿於懷，認爲如果父親當時捨得付學費，那麼在國外鍍了一層金的她，說不定現在早就有一番大作爲。

「父親是不是欠我一個栽培？」A喟然慨嘆。本來她要問換工作的事，不知爲何槍口掉轉方向，父親躺著也中槍？

我把目光移到她求學的運限，思緒隨著命盤上的星海，默默穿梭到了另一個平行宇宙。

運限遷移宮不見文昌、文曲、化科，跟讀書有關的星星全部絕跡，一旦出國大概是什麼事都有可能做，就是不會讀書。此外，桃花星和煞星糾纏，不讀書就算了，說不定還有桃色是非，就連能不能順利畢業都有問題……咦，歷史沒有給Ａ交代，反而還了父親一個公道？

聽完我的推論，Ａ當作沒事發生，繼續詢問今年換工作的事。

那些「如果當初」之二：如果我能撐下去

Ｂ是一位熟客介紹的客人，他年近五十歲，十年內換了三個工作，薪水袋越換越薄，目前陷入失業的中年危機。他說這次除了來問找工作的事，也想解開一個歷史謎團。

根據Ｂ的說法，他年輕時有幸進入某間上市的科技大廠任職，可惜當時他聽信一位算命先生的話，輕易提了辭呈，導致現在落入一事無成的田地。每每午夜夢迴，他總是懊惱不已，如果當初沒有聽信那位算命先生的話，繼續在工作崗位上堅持，現在自己就是科技新貴，光靠累積的股利和薪水就一輩子不愁了……

「等等！你確定要繼續論命嗎？我也是算命先生喔。」我溫馨提醒，怕他不小心又上了算命先生的當。

「你不一樣。」B回得斬釘截鐵。

顧客至上，B說我不一樣就不一樣。至於我和那位算命先生哪裡不一樣，我沒有興趣知道，也就不過問了。在B的要求下，我審視著命盤上的星相，也就是B入職的年分。

緣起的流官有天府坐守，見祿爲盈庫，薪資有保障，又有祿權科夾和五吉來拱，氣勢宏大，確實有上市公司的格局。美中不足的是有火星、鈴星也來夾，工作常有驟發狀況，原局火鈴又被大限火鈴沖起，彷彿再加兩把柴火，B猶如置身火宅焦慮不已。

「那一年，工作上常要處理突發事項，意外地各種奔忙。你感到壓力山大，壓力大到快要崩潰？」

「對！加班加不完，我爲此感到無比焦慮。」

回歸正題，所以B扛得住壓力嗎？

本命、大限、流年三代福德宮不是重煞就是忌煞交沖，心靈早已破防，就算想硬撐，精神狀況也不允許。

B先生之所以扛不住高壓，性格占了很大的部分。

正坐命宮的太陰和鈴星組成「十惡」格，情緒起伏甚大，稍不如意就碎唸不停、抱怨不止。官祿宮則是擅說不擅做的機梁「善談兵」，四煞來會，行事易生枝節。

如此的命、官組合，若是在穩定的環境，工作波折少，情緒少受刺激，未必會曝露行動力不足的缺點；反之，若是置身高壓環境，工作波折多，情緒常受刺激，行動力也跟不上變化，這就不難預見原地爆炸的光景了。

當年B的工作壓力指數非常高，偏偏性格只適合在舒適圈工作，並不是能夠抗高壓的類型。硬要待在高壓的職場，離職是必然的發展，只不過是早離或晚離罷了。

「那份工作的壓力，遠遠超出你的精神負荷。不管時光倒流幾次，撐不住就是撐不住，我想你還是會離職。」不知不覺間，我意外還了當年那位算命先生一個公道？

B接著向我詢問未來找工作的方向，同時反對我對那段過去的推論，就像踩著「正反合」節拍的哲學家，靈巧地進行著黑格爾辯證。我相信他在肯定我和否定我的同時，必能從中得到一個更超越的答案。

那些「如果當初」之三：放手愛情娶麵包

在各式各樣「如果當初……」的案例裡，最讓我印象深刻的莫過於C的故事。他是本文的主角，完美演繹了什麼是人生如戲。

C娶了一位富家千金，有了妻子娘家的全力支持，再加上自身勤奮能幹，他創業有成，公司賺進大把大把的鈔票，也在圈內小有名氣。

然後，C外遇了，對象是自己的碩士班學妹。

兩人曾經有過一段曖昧，那時他沒敢追求，直到學妹的身旁有了男友，這段暗戀無疾而終。沒想到多年後的一場偶遇，兩人相談甚歡，談著談著就談出一段婚外情。

兩人身心或契合或互補，彼此都深信對方就是那位對的人。對C而言，比起那位越相處越寂寞、動輒對自己頤指氣使的老婆，溫柔貼心的學妹儼然是眞命天女，這回說什麼也不放手。

紙包不住火，正宮察覺了丈夫的外遇，要他回歸家庭，兩人經常爲此事鬧得雞飛狗跳。學妹則認爲事情發展到這個地步，她再不捨也得離開，一心退出這段感情。反倒C是最放不開的人，他認爲婚姻早就沒有感情基礎，打算與妻子離婚，並且爭取挽留學妹。

「當初還在讀書的時候，我是不是就該追求學妹，現在的人生就會快樂多了？」

清官難斷家務事，好險我是命理師，不是清官。我對照男女雙方的命盤，仔細審查這段公案。

女方的福德宮星相，完美嵌入男方的夫妻宮，所以男方喜歡女方的精神世界，女方頗有幾分靈魂伴侶的味道。

男方的命宮星相，同樣主星、輔星也巧妙嵌入女方的夫妻宮。對女方而言，男方就是她的天菜，所謂眞愛也就是這樣子了。

雙方的感情宮位糾纏緊密，嵌合得嚴絲合縫，確實是少見的天作之合。

「嗯，你們確實是眞愛。不過……」

我看向C與學妹相遇的時期，男方運限夫妻宮的結構是物質星相，又有祿權科重重夾拱，意味著比起靈魂的相互依偎，C更鍾愛對方有顯赫的家世背景。或許爲何當初不追求學妹，而是追求現在的妻子，命盤已給了答案。

「你那時喜歡的是有錢的女生，所以不太可能追求學妹，除非她有錢。」

「你說的好像我愛麵包勝於愛情……」

「難道不是？」我怕自己看錯，再度進行確認。

「那個時候是……」C果斷承認，之前的澄清倏地蒼白無力。

「即使倒回到過去那個時空，你可能還是選麵包吧。」我稍作停頓，等待C的回饋，或者提出下一個問題。同時間，我感到相比一般人，C的煩惱實在是無比奢侈，不在煩惱有沒有眞愛，而是要不要眞愛。

「才不會咧！以我現在的想法，我只要能穿越，一定會選學妹。」C不死心地反駁。

「當下的念頭確實會變，甚至影響到選擇。但是只要結構性的問題沒有改變，故事就不會改變。」

接下來，我講了一個故事。

丈夫不工作，天天在家打電動當宅男，太太又要工作又要操辦家務，身心俱疲苦不堪言，即使天天唸叨丈夫工作，換來的也只有白眼。幾年後，太太決心與丈夫離婚，丈夫顏面盡失羞憤不已，立志洗心革面，有朝一日要讓太太後悔自己的絕情。

後來丈夫十年拚搏，不但成爲某間大公司的總經理，還娶了一位年輕貌美的妻子，有房有車有美妻，旁人無不欣羨。他找到前妻，這些年她沒漲多少工資，嫁了一個很普通的男人，依然是柴米油鹽醬醋茶的生活。

在炫耀一番自己的成就之後，丈夫問前妻，後不後悔當初和他離婚，所以現在當不成總經理夫人、當不成天天shopping的貴婦……

「她一定很後悔，是吧？」C說。

「一點也不後悔喔。」我娓娓道出前妻的心情。

如果當初她不離婚，丈夫不會振作，只會繼續廢，這樣她就當不了總經理夫人；如果她離婚，丈夫會振作，並且娶別的女人，所以她還是當不了總經理夫人……聽起來有點悲傷，這是一個兩人注定不能共享樂，前妻當不了貴婦的故事。

「結構性的問題是丈夫欠羞辱，沒有羞辱就沒有振作，就像楚莊王欠罵，不罵就不會一鳴驚人。」C的反應極快，迅速做出總結。

「所以你的結構性問題是欠什麼？」我問。

「欠錢。」將近一分鐘的沉默，他終於又開口，「我是不是做錯了什麼？」

「你只是娶了麵包，放生愛情。你不過是做了選擇，並沒有做錯什麼。」我說。人生有很多選擇，眞愛並不是唯一的選項。

「離開我，學妹會更幸福嗎？」C問。

「會喔。」

「即使我們是眞愛？」C不甘心又問。

「如果結構性的問題沒有改變，就算是眞愛也無法讓她幸福。」

C又提問了，我分析幾個事情的發展，以及後續的處理做法，祝福他能做出正確的選擇，順利度過這場家庭危機。

【人生課題】

沒有如果、沒有當初，所以世上沒有後悔藥。

【我的建議】

放下後悔也放下她，不然會從這一段後悔掉入另一段後悔。

【他的選擇】

事實證明小孩才做選擇，大人全都要。

C又來找我兩次。他既要老婆帶來的資源，也不捨棄與學妹的感情，兩邊不放手之下，搞到大老婆直接找小三談判，事情一發不可收拾！

或許這才是正常的發展……芸芸眾生的日常，像極一部二十四小時從不間斷的八點檔。人爲財死是眞、情眞意切是眞、慾壑難塡也是眞。

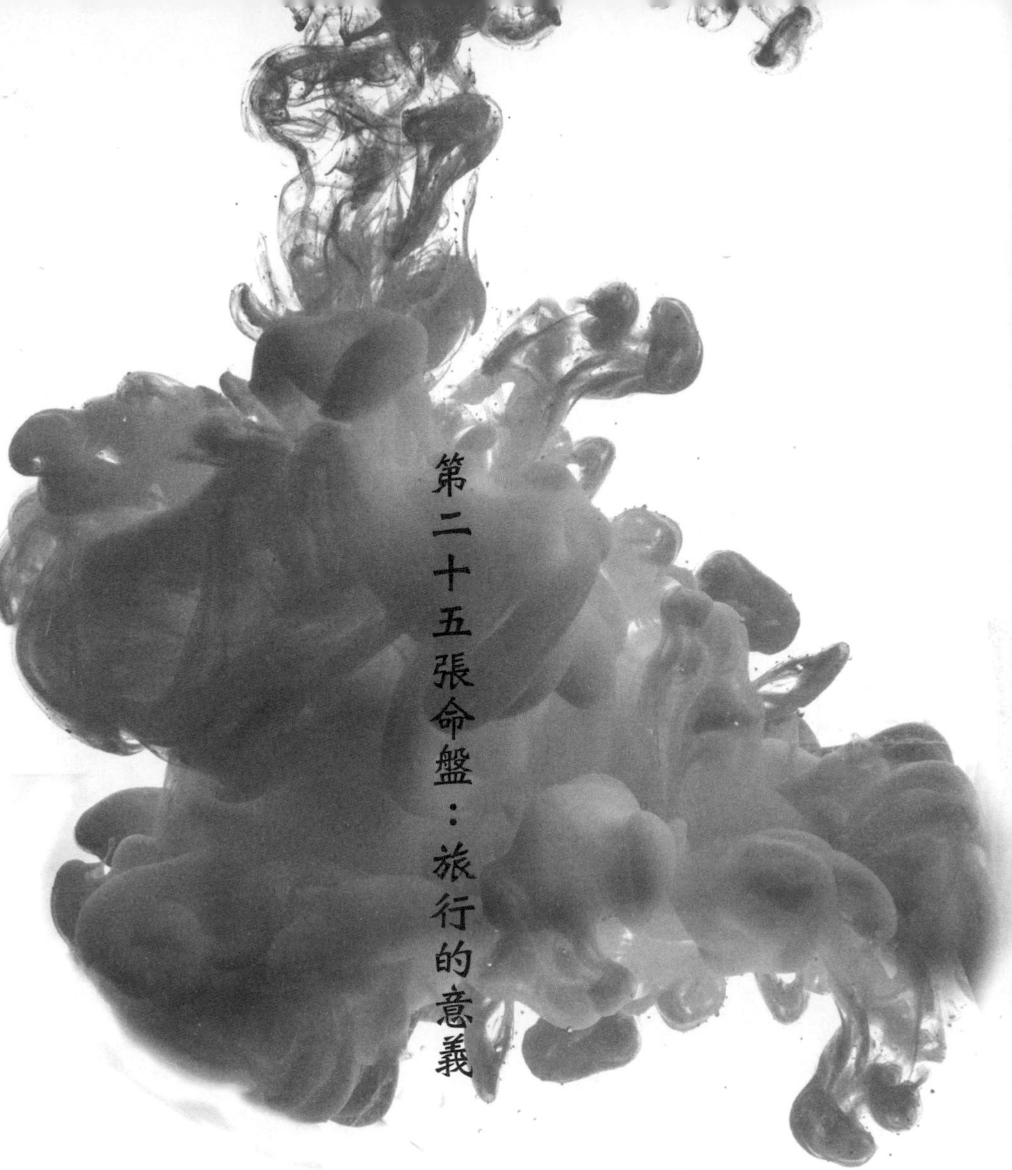

第二十五張命盤：旅行的意義

你擁抱熱情的島嶼　你埋葬記憶的土耳其
你留戀電影裡美麗的不真實的場景
卻說不出你愛我的原因
卻說不出你欣賞我哪一種表情
卻說不出在什麼場合我曾讓你分心
說不出　旅行的意義

每當聽見這首陳綺貞的歌，瞬間空氣中會瀰漫濃濃的文青感，我也總是會憶起呂同學的故事，想著什麼是旅行的意義？

失控的嗝氣

時間是二〇一二年，正是台灣隊（台北暗殺星TPA）勇奪英雄聯盟第二季世界盃冠軍，揚威國際的時候。

呂同學坐在我的面前，明明見過好幾次，此刻的他竟令我感到有些違和，大概是平常我們都在網咖雙排玩遊戲，現在卻是在咖啡廳談正事的落差感吧。

上回在網咖雙排打積分，我們聊到命理的事，他得知我會算命，表示有事想請教，便有了此次的論命之約。

就在我拿出手機，準備調出排盤程式之際，呂同學給了我一張A4，上面列印著他的生辰命盤。

「居然自備命盤，太正式了吧。」我笑道。

「事關自己，當然得認眞。」呂同學也不廢話，直接進入了主題。

事情發生在四年前，某天他忽然一直打嗝，幾乎每天睜開眼睛就開始嗝，一嗝就沒完沒了，有時睡覺也會因爲嗝得太厲害而驚醒。從大量灌水到捏鼻子停止呼吸，他試過各種方法，無奈一點效果也沒有，情況已經嚴重到影響他的生活作息。

中醫懷疑是體質問題，於是他聽從醫師指示忌食生冷飲食，中藥也吃了不少，然而病情沒有起色。

西醫懷疑是胃潰瘍的問題，讓他吃了四個月的藥，吃到胃潰瘍都治好了，可是連綿不絕的打嗝仍在繼續。

命理師懷疑是找不到醫師貴人的問題，就幫他挑了個好流年去就醫。他火力全開四處尋醫，結果坐骨神經痛、尿道炎等全身上下大大小小的病都治好了，唯獨打嗝沒好。

看醫生看到懷疑人生，他也曾猜想或許是風水問題，但是四年來搬了兩次家，證明了猜想果然只是猜想……

呂同學自嘲有個失控的橫隔膜，長年打嗝令他苦不堪言。反正已經有手伸無路、有腳行無步，他乾脆死馬當活馬醫，聽聽我的解盤，說不定貴人就在眼前。

我知道他常打嗝，本以爲是小毛病，沒想到竟是奇難雜症！

來一場說走就走的旅行

聽完呂同學的故事，接著就是開命盤的時間了。

大限命宮正坐貪狼化忌。貪狼主神祕學或修道，化忌有靈擾之相，又有陰煞、地空、地劫肆虐，滿盤都是異世界的星星。當下我的心裡有了底。這不是健康問題，而是妥妥的靈異事件。

大限命宮長得太歪，直觀的趨避之道是對面遷移宮，出國是眼下最簡明的解方。

「有沒有給宮廟處理過？」我問。

「現在神棍太多，我親戚也發生過一些不好的體驗，我怕被下降頭或騙財騙色，就沒想過往這方面去。」

「也是，男孩子要好好保護自己。」我喝了一口咖啡，接著又問了，「這四年來，你出過國嗎？」

「沒有。」

「很好！來一場說走就走的旅行吧。」我說。

「咦，這跟我的病有關係嗎？」

「命理講求的是趨吉避兇。現在你的國內運烏煙瘴氣，國外運相對清明，吸收一點國外的氣場，對你的病情應該有幫助。」

「我懂了！像是過年接財神的概念，對吧？」

「呃，其實不是，但是你這樣想也可以。」

「這有用嗎？出國很花錢……」呂同學猶豫了。一文錢逼死英雄好漢，何況是很多很多個一文錢。

「試試吧，總比什麼都不做要強。」

呂同學一咬牙，握緊拳頭喝道：「就信你一回，我跟你拚了！」

「幹嘛跟我拚，我是無辜的，你好好出國就是了。」

靈界管轄權

隔年六月，又是同一間咖啡廳，呂同學找我回饋出國的事情。

「當我一下飛機，雙腳踏在日本的土地上，忽然發現不再打嗝了，整個人神清氣爽，你知道我當時有多感動嗎！」

「在飛機上也是？」我問。

「沒印象了。在來回的班機上，我都是睡全程。」呂同學老實回應，隨即又迫不及待說了，「眞的出國有差！我在日本五天四夜都沒打嗝，回台灣也安然無恙，可惜只平靜了三個月，之後又開始打嗝了。」

「一趟飛機換健康三個月，這張機票錢花得值！」

「爲何一出國就不打嗝了、爲何我好了三個月又開始發作？今天你可得好好告訴我，這到底是什麼原理？」

「江湖一點訣，說破不值錢，關鍵就在靈界的司法管轄權。」緊接著，我開始解說其中的原理。

陽間是一個有秩序的世界，每塊地域各有不同的組織管轄，例如台灣人要到日本，必須經過日本海關的許可才能放行。靈界正如同陽間一般，被劃分爲不同的行政區域，具備職權的鬼神各司其職，負責管理轄區內的秩序。

因此呂同學一出國，身後的冤親債主沒有通關度碟，自然不能跟去日本討報，再說日本海關也不會放行，要討也只能等到呂同學回國再說……

「這樣說起來，我回台算是自投羅網嗎？」說罷，呂同學又連續打了好幾個嗝。

「比較像是主動投案。」

「我想起一件事……」呂同學凝視遠方，似乎沉浸在回憶中，「在我就讀國小的時候，政府首度開放兩岸探親，我爺爺就去了一趟大陸。說也奇怪，他一回來沒多久就死了，走得很突然，來不及跟任何親人告別。當時爸媽說爺爺好福氣，臨死前能回故鄉一趟，算是圓滿一樁心願，那時我也是這麼相信的……」

「現在你怎麼想？」我問。

「說不定那是爺爺自投羅……主動投案。」

「是有這個可能。」

等到打嗝稍止，呂同學開口問了，「我的病除了找人處理，還有其他的辦法嗎？」

「我沒別招了。如果你要治本，建議找個專業人士處理冤親債主，畢竟欠債還債天經地義；如果只要治標，每年出國一趟，就當作花錢買幾個月的健康。」

「我再想想怎麼做較好。」呂同學露出一個意味深長的苦笑，彷彿故事仍在譜寫，暫時不會落幕。

【人生課題】

人生總有難題，努力就有轉圜的空間。

【我的建議】

遇事有做有保庇。做一百分恰恰好，做六十分不嫌少。

【他的選擇】

後來我忙於工作，漸漸淡出遊戲圈，彼此的聯絡也就越來越少了。回想起最後一次和呂同學聯絡，大約是在二〇一四年。當時他傳訊要一起玩英雄聯盟，我推說已經封Game，然後有一搭沒一搭地聊起來。

「去年我到日本，今年想去韓國，你覺得這個主意如何？」

「當然好，有努力總是好的。」我說。

一般人遇到冤親債主，大多會選擇尋求專家協助，偏偏呂同學不走尋常路，大有把出國旅行變成常態化的打算。

我不知道呂同學遭遇過什麼事件，或者有什麼心理陰影，因此寧願選擇最迂迴的方案，也不用最簡單的方式處理。不過轉念一想，這不就是旅行的意義嗎？

欠債還債，天經地義；躲債跑路，也是人之常情。
遠離冤親債主，這就是旅行的意義。

（正文完）

後記

我是一位紫微斗數命理師，平日爲客戶論命，假日則做命理教學與研究。對我而言，命理既是營生飯碗、興趣愛好、也是我交朋友的工具，透過命理我認識了許多有趣的人物。

本書收羅二十五個論命案例，爲了保護當事人隱私，書中內容稍作修改，但是大抵不失原汁原味。可以說本書既是命理師的執業甘苦談，也可一窺奇妙的芸芸眾生相。

來訪的客人或問財運、或問桃花、或問工作、或問人際……乍看客人的發問五花八門，其實全部直指一個核心——我該如何得到幸福？

每個人的命運都受限命盤的框架，但是不代表人在命運中就沒有轉圜的餘地。以下分享四個改變命運的步驟，非但不花一毛錢，而且效果顯著，在此推薦給各位讀者。

相信自己

經歷過諸多命盤的推論洗禮，我赫然發現到一件有趣的事實——人總會走上自己所寫的劇本。

我們的所思所想所言所行，無一不是能量。

當我們相信自己、肯定自己，便是爲自己創造一個正能量的磁場，不斷被信念強化的正能量會實現我們的劇本，其中包括奇蹟和夢想。

反之，當我們一直否定自己，等同投身於負能量的漩渦之中，形如無止盡的自我內耗。受到影響的我們就會寫出各種負面的人生劇本，再由這些負能量去創造與實現。

或者這麼說吧：宇宙意識對你很好，必會爲你圓滿願望，於是你爲自己寫下什麼劇本，宇宙意識都會實現。

例如——

當你想著用我的犧牲換來大家幸福，宇宙會如你所願，眞的就讓你犧牲了。

當你想著我不配得到幸福，宇宙會如你所願，幸福總是從你身邊溜走。

當你想著周圍的人惡意滿滿，宇宙會如你所願，讓你深陷豺狼虎豹的險惡人際……

正因爲宇宙意識能夠忠實俱現你的劇本，那麼換個角度想，只要改變自己的所思所想，重寫一部春暖花開的人生劇本，不就能得到幸福人生了！

現在開始，別再自我否定，深陷負能量的內耗。

試著相信自己可以實現夢想，遇見更多的美好和奇蹟。當內心春暖向陽，便能譜寫奇蹟劇本，迎接宇宙爲你俱現的幸福人生。

設定可實現的小目標

我們會爲夢想設定目標，這可以更明確努力的方向，也能激勵我們的行動。設定目標就像爬樓梯一樣，如果一次設定爬三千個階梯，可能會感到太過困難而失去動力。倒不如目標設得小一點，把每個小目標視爲一次挑戰，例如一次爬兩百個階梯，然後獎勵自己休息兩分鐘。如此每次的輕鬆達標都能累積自信，壓力也消弭於無形，更能保持積極的心態，越爬越有熱情！

以筆者爲例，爲了健康的理由，我設定了每天都要做仰臥起坐的目標。目標很簡單，做起來也輕鬆，晚上仰臥、早上起坐，日夜運動不息。每當意識到「我每天都在運動」這件事，我就覺得自己變得好青春，白飯也多吃了兩碗。

邁出第一步

不要爲自己設限，遲遲不敢爲夢想行動。從來限制自己的只有自己，成全自己的也只有自己。

未來藏身於渾沌之中，光憑想像無法察覺它的蹤跡。唯有邁開腳步去探索，萬千可能的疊加態才會塌縮爲一個可見的未來。

嗯？太抽象了，好吧我說人話——不是有未來才做，而是做了才有未來。

無論未來的藍圖再美，如果沒有行動，藍圖終究僅只是藍圖而已。只要跨出了第一步，當下未來已從未來式轉變爲現在進行式，一切都會朝越來越好的方向發展。誠如魯米的詩所言：「當你開始走出去，路就會出現。」

享受過程

保持積極和開放的心態，享受每一個努力的時刻，並非不在乎成果，而是這麼做能推動我們靠近豐盛的收穫。

當我們努力的時候，不少人習慣只看結果而無視過程，除了產生不必要的焦慮戕傷心神之外，實在沒有任何好處。其實，過程有其價值，不該被視爲苦難，更像是一個通往幸福的經歷。

有時，我們感到沮喪是因爲過程不如預期，然而許多生命中的饋贈，正是以我們想像不到的形式來到，在彎彎繞繞之中，無聲地化爲令人感動的驚喜。

年輕的時候，我曾經花費大把時光鑽研棋藝，但是受天資所限難以更上一層樓，再加上我忙於工作就荒廢了棋藝，那段學棋光陰也塵封於遙遠的記憶。直到十多年後，一間出版社遞來橄欖枝，邀請我寫一部圍棋兒少小說，恍然間我才憶起自己曾經努力學過圍棋。原來，他們苦於找不到通曉圍棋的作家寫這本書，後來打聽到我學過圍棋，遂有了此次的合作之約。

當時我是專職作家，由於長期合作的出版社關閉了，一時間我陷入無稿可寫、經濟中斷的窘境。這次的合作案不啻是一場及時雨，我還以此爲契機，開啓了兒少小說和採訪書的新舞台。那時我怎麼也沒想到，曾經以爲百無一用的棋藝，竟然爲我迎來寫作事業的第二春！

這類的小故事，發生在我身上的不知凡幾，再再證明了達不到結果的過程，並非是毫無價值。每段努力都有其意義，不會有無用功，因爲地球是圓的，付出的努力終究會回到自己身上。

在這裡要鄭重感謝好友陳雅如的費心奔走、以及時報主編李國祥的慧眼如炬，本書這才有機會得以出版面世。另外，也特別感謝吳令葳的修潤建議、以及丹楓老師給予紫微斗數專業技術面的意見，他們的幫忙都爲本書生色許多。

最後，謝謝購買與閱讀此書的讀者，祝福大家都能開創幸福人生。

振鑫癸卯年秋是爲記

View 144

25張命盤：25種精彩人生的課題與啟示

作　者—振鑫
主　編—李國祥
企　畫—吳美瑤
董事長—趙政岷
出版者—時報文化出版企業股份有限公司
一〇八〇一九臺北市和平西路三段二四〇號三樓
發行專線—（〇二）二三〇六—六八四二
讀者服務專線—〇八〇〇—二三一—七〇五
（〇二）二三〇四—七一〇三
讀者服務傳真—（〇二）二三〇四—六八五八
郵撥—一九三四四七二四時報文化出版公司
信箱—一〇八九九臺北華江橋郵局九九信箱
時報悅讀網—http://www.readingtimes.com.tw
電子郵箱—genre@readingtimes.com.tw
法律顧問—理律法律事務所　陳長文律師、李念祖律師
印　刷—家佑印刷有限公司
初版一刷—二〇二四年三月二十二日
定價—新臺幣三八〇元

時報文化出版公司成立於一九七五年，
並於一九九九年股票上櫃公開發行，於二〇〇八年脫離中時集團非屬旺中，
以「尊重智慧與創意的文化事業」為信念。

25張命盤：25種精彩人生的課題與啟示 / 振鑫著. -- 初版. -- 臺北市：時報文化出版企業股份有限公司, 2024.03
面；　公分. -- (View；144)

ISBN 978-626-396-044-2(平裝)

1.CST: 紫微斗數

293.11　　113002786

ISBN 978-626-396-044-2
Printed in Taiwan